**Modelle für den neusprachlichen Unterricht
Französisch**

Herausgegeben von Jürgen Olbert

La Provence

Zusammengestellt und bearbeitet
von Christoph und Joelle Steinbrink

Verlag Moritz Diesterweg
Frankfurt am Main · Berlin · München

ISBN 3-425-04284-X

© 1981 Verlag Moritz Diesterweg GmbH & Co. Frankfurt am Main.
Alle Rechte vorbehalten. Die Vervielfältigung auch einzelner Teile, Texte oder Bilder – mit Ausnahme der in §§ 53, 54 URG ausdrücklich genannten Sonderfälle – gestattet das Urheberrecht nur, wenn sie mit dem Verlag vorher vereinbart wurde.

Federzeichnungen von Bernhard Steinbrink, Münster/Westfalen

Gesamtherstellung: Druckwerkstätten Koehler & Hennemann GmbH, Wiesbaden

TABLES DES MATIERES

I. Géographie de la Provence
1. Carte de la Provence 5
2. Géographie générale de la Provence 6
3. La Haute-Provence 7
   Marcel Pagnol: A la découverte de la Provence 9
4. La Provence Maritime 10
   Marseille, ville de commerce 11
5. La Provence Rhodanienne 14
6. Petit lexique: La Provence en chiffres 17

II. Histoire de la Provence
1. La Provence antique 19
2. Evolution historique de la Provence 20

III. Arts en Provence
1. La civilisation romaine 22
2. Les vestiges romains 25
3. L'art roman en Provence 27
4. La peinture du 20ᵉ siècle et les peintres en Provence 30

IV. Provence intellectuelle et littéraire
1. Les troubadours et la poésie de cour 31
2. Le Félibrige 32
   Frédéric Mistral 33
3. Textes d'écrivains ayant chanté la Provence 35
   Jean Giono: Il faut être du pays pour le comprendre 35
   Marcel Pagnol: Orage en Provence 37
   Frédéric Mistral: Mirèio 38
   Alphonse Daudet: Tartarin de Tarascon serait-il un imposteur? ... 39

V. Folklore en Provence
1. Les Tziganes aux Saintes-Maries-de-la-Mer 42
2. La Provence – la fête des sens 46
3. Le divertissement populaire: la pétanque 48

VI. Epoque actuelle
1. Problèmes contemporains 50
   Le choc de deux civilisations 52

2. De nouveaux Méditerranéens 55
3. Le flux et le reflux des touristes 57
   A qui profite le tourisme ou la fin d'un rêve 58
4. La Camargue en danger 60
   Arrivera-t-on à sauver les Alpes du Sud? 61
   Languedoc-Roussillon: après le temps du béton, celui de la protection 64
5. Fos, nouvelle région industrielle ultra-moderne 65
6. L'Occitanie veut vivre 67
   Claude Marti: un chanteur du renouveau occitan 69

I. Géographie de la Provence
1. Carte de la Provence

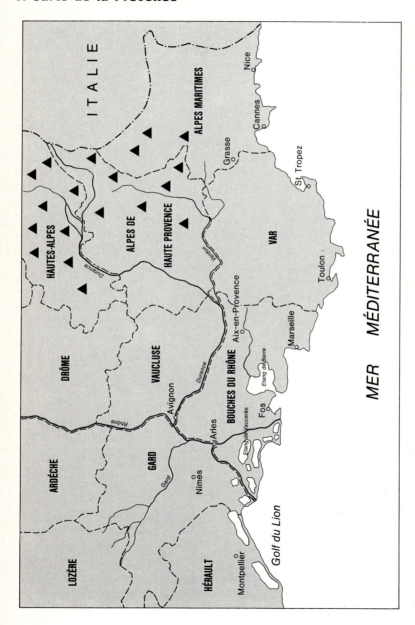

2. Géographie générale de la Provence

En Provence, on peut distinguer plusieurs régions naturelles: vallées du Rhône et de la basse Durance, basse Provence, littoral méditerranéen, haute Provence. Par l'aspect général, les ressources, le genre de vie, ces
5 régions se différencient dans un contraste favorable au particularisme local. Cependant diversité et variété n'excluent pas une indéniable unité. Unité de climat d'abord: en dépit des variations locales, imputables à l'exposition, à l'altitude, à la proximité ou à l'éloignement de la mer, certains traits généraux prévalent: vents dominants, lumière, tendance à une répartition
10 saisonnière des pluies, végétation caractéristique. D'autre part, dépressions et vallées s'articulent de façon à dessiner un réseau de communications naturelles d'où résultent la solidarité des parties et la cohésion de l'ensemble. La vallée de la Durance et celles, opposées et conjointes, de l'Arc et de l'Argens tracent deux axes qui se soudent à celui de la vallée du Rhône: trait
15 essentiel. Les affluents de la Durance ouvrent des voies transversales, à droite vers les affluents du Rhône, à gauche vers la vallée du Var. Du littoral, les vallées du Var, du Loup, de la Siagne, de l'Huveaune, du Rhône, donnent accès à l'intérieur. Suivant ces réseaux de voies naturelles, les populations circulent et se distribuent. Au total, un ensemble organique qui
20 se compose harmonieusement, une région dont l'originalité et l'unité s'exprimeront dans l'histoire.

extrait de: «La Provence» par Raoul Busquet et Victor Bourrilly
© Presses Universitaires de France, Paris

Vocabulaire

7 **imputable à:** qui doit être attribué à – 15 **l'affluent,** (m).: cours d'eau qui se jette dans un autre.

Exercices de vocabulaire

1. Donnez le contraire des mots suivants:
   a) naturelles – b) général – c) se différencient – d) la diversité – e) harmonieusement
2. Trouvez un synonyme pour les mots suivants:
   a) le littoral – b) en dépit de – c) prévalent – d) de façon à – e) se distribuent
3. Trouvez le substantif correspondant aux verbes:
   a) distinguer – b) exclure – c) articuler – d) résulter – e) sonder – f) donner – g) distribuer – h) exprimer

Questions

1. Quels sont les caractères qui différencient les trois régions de la Provence?
2. Quel est le rôle que jouent les voies naturelles constituées par les rivières et les vallées?

3. La Haute-Provence

Dans toute la montagne provençale et mise à part la brèche de la Durance, le relief oppose des limites singulièrement étroites à l'occupation humaine. Il oblige la vie à s'éparpiller en petites unités isolées communiquant difficilement entre elles et avec l'extérieur, à installer les cultures sur des pentes raides et ravinées, ou dans le fond des vallées soumis aux caprices dangereux des torrents. Le trait caractéristique de ce paysage est son aridité toute méditerranéenne. De juin à septembre, il s'écoule de longues semaines sans la moindre goutte de pluie. L'irrigation pour certaines cultures est parfois très difficile.

A cette irrégularité des pluies s'ajoutent les variations brusques de la température, le danger des gelées. Bref, un climat brutal dans toutes ses manifestations, mais non sans charme. La Haute-Provence est par excellence le pays de la lumière. Certaines montagnes de Haute-Provence sont couvertes de conifères et de pâturages. Au Nord, les montagnes sont couvertes de buis, de genévriers et de lavande. Le plus souvent, la végétation pousse parmi les pierrailles. D'immenses surfaces sont dénudées ou seulement piquées de loin en loin de quelques touffes d'herbes dures, de buis et de lavande.

La sécheresse du climat et la pauvreté du sol ne sont pas les seuls responsables d'une telle pauvreté. Il est démontré aujourd'hui que ces montagnes ont été déboisées. Ce déboisement est allé de pair avec l'augmentation de la population autrefois et la pratique de l'essartage. Aujourd'hui, le dépeuplement de cette région rend possible un reboisement intensif.

Autrefois, la Haute-Provence avait une agriculture méditerranéenne par ses procédés, ses produits et la médiocrité de ses résultats. Peu d'engrais sur ce sol aride: le grand producteur était le mouton. La jachère – (une terre est laissée en repos un an sur deux) – était une nécessité. On y cultivait un peu de céréales sur les terres les plus riches. L'olivier, l'amandier, le noyer y étaient abondants. La vigne y était assez répandue. Les moutons et les chèvres fournissaient le fumier, la laine et la viande. L'industrie était insignifiante: peu de combustibles, peu de matières premières, peu de force hydraulique. Beaucoup de paysans travaillaient à domicile pour l'industrie textile. On travaillait la laine et le chanvre.

La médiocrité des conditions naturelles a pesé lourdement sur la vie de la Haute-Provence. Les produits arrachés à la montagne restaient en-dessous des besoins de la population. Pour vivre, beaucoup émigraient en hiver ou pour toujours vers le Bas-Pays. Depuis le milieu du siècle dernier, la montagne a subi un dépeuplement continu et massif. Bien des communes ont perdu de 50% à 60% de leur population, même parfois plus de 70%. Certaines communes ont disparu, d'autres sont près de mourir.

Aujourd'hui, les travaux d'endiguement et d'aménagement de la vallée de la Durance ont transformé une partie de la Haute-Provence en terres fertiles. Le développement des routes et des voies ferrées à travers le pays a supprimé l'isolation.

45 Enfin, les moyens de transport ont créé pour la Haute-Provence une nouvelle source de profits en favorisant le tourisme. Mais, malgré l'éclat de sa lumière et la pureté de son ciel, ses montagnes apparaissent quelque peu austères à beaucoup.

Les grands vides laissés par les paysans attirent cependant de plus en plus de 50 touristes fuyant les plages de la Côte d'Azur surpeuplées. Des villages entiers sont aujourd'hui achetés pour une bouchée de pain, mais les terres restent le plus souvent incultes.

© Horizons de France «Provence».
Collection «Les Nouvelles Provinciales»

Vocabulaire

4 **s'éparpiller**: se disperser – 6 **raviner**: creuser, délaver (par la pluie) – 7 **le torrent**: cours d'eau à forte pente – 9 **l'irrigation**, (f.).: arrosement artificiel – 15 **le conifère**: arbre du type sapin, cèdre – 17 **piqué de**: parsemé de – 22 **l'essartage**: technique qui consiste à brûler les herbes et les plantes qui poussent entre les arbres. – 25 **l'engrais**, (m.).: substance chimique servant à fertiliser le sol – 30 **le fumier**: engrais naturel – 33 **le chanvre**: plante textile – 41 **l'endiguement**, (m.).: création de murs pour empêcher l'eau d'une rivière de déborder dans les terres – 48 **austère**: triste et dénudé.

Exercices de vocabulaire et de grammaire

1. Trouvez un synonyme pour:
   a) mise à part – b) s'écoule – c) surfaces – d) pierrailles – e) de loin en loin
2. Indiquez le genre des substantifs suivants:
   a) charme – b) pâturage – c) touffe – d) combustible – e) domicile – f) isolation.
3. Expliquez par une définition les expressions suivantes:
   a) est allé de pair avec
   b) sont près de mourir
   c) quelque peu austères
   d) pour une bouchée de pain
4. Commencez la phrase: «Il est démontré que ces montagnes ont été déboisées.» par:
   a) Il est possible que . . .
   b) Je pense que . . .
   c) Il est doûteux que . . .
   d) Je suppose que . . .
   e) Il me semble que . . .
   f) Peut-être que . . .
   g) Je crains que . . .
   h) Il semble que . . .
   i) Je me demande si . . .
5. Trouvez l'adjectif correspondant aux substantifs:
   a) caprices – b) semaine – c) variation – d) touffes – e) nécessité – f) profit

Questions et sujets de discussion
1. Relevez le vocabulaire qui décrit la brutalité du climat et la médiocrité des conditions naturelles de la Provence.
2. Faites une liste des raisons pour lesquelles la Provence est une région pauvre.
3. Montrez comment l'homme a eu sa part de responsabilité dans ce processus de destruction.
4. Le changement actuel est-il, à votre avis, positif ou négatif pour la région et pour ses habitants? Expliquez votre opinion.

A la découverte de la Provence

Nous sortîmes du village: alors commença la féerie et je sentis naître en moi un amour qui devait durer toute la vie.

Un immense paysage en demi-cercle montait devant moi jusqu'au ciel: de noires pinèdes, séparées par des vallons, allaient mourir comme des vagues au pied de trois sommets rocheux. De toutes parts, comme une mer de musique, montait la rumeur cuivrée des cigales. Elles étaient pressées de vivre et savaient que la mort viendrait avec le soir. On ne voyait pas un hameau, pas une ferme, pas même un cabanon. Le chemin n'était plus que deux ornières poudreuses, séparées par une crête d'herbes folles qui caressaient le ventre du mulet.

Le chemin montait toujours et nous approchions des pinèdes. A gauche, le coteau descendait, par d'étroites terrasses jusqu'au fond d'un vallon verdoyant. Les terrasses étaient couvertes d'oliviers à quatre ou cinq troncs. Il y avait aussi des amandiers d'un vert tendre et des abricotiers luisants. Entre eux, la terre était inculte et couverte d'une herbe jaune et brune. On aurait dit du foin séché. Mais malgré cette pauvre mine, elle était vivace et vigoureuse, comme toutes ces plantes qui ne servent à rien. C'est là que je vis pour la première fois des touffes d'un vert sombre qui émergeaient de cette herbe. Je quittai le sentier, je courus toucher leurs petites feuilles. Un parfum puissant s'éleva comme un nuage et m'enveloppa tout entier. C'était une odeur inconnue, une odeur sombre et soutenue qui s'épanouit dans ma tête et pénétra jusqu'à mon cœur: c'était le thym.

D'après:
Marcel Pagnol «La gloire de mon père» Le Livre de Poche, Paris

Vocabulaire

8 **le hameau**: petit groupe de maisons dans la campagne – 9 **le cabanon**: petite maison de campagne en Provence – 10 **l'ornière**, (f.): trace que les roues des voitures laissent dans la terre – 10 **la crête**: ligne de sommets en montagne.

Exercices de vocabulaire et de grammaire
1. Trouvez un synonyme pour chacun des mots ou expressions suivants: a) féerie – b) *on aurait dit* du foin séché – c) qui ne servent à rien – d) émergeaient

2. Expliquez: a) une pinède – b) comme une mer de musique – c) la rumeur cuivrée
3. Expliquez l'emploi des temps et des modes dans les phrases suivantes:
   a) Elles savaient que la mort *viendrait* avec le soir.
   b) On *aurait dit* du foin séché.
   c) Elle était vivace . . comme toutes ces plantes qui ne *servent* à rien.
   d) C'est là que je *vis* des touffes d'un vert sombre qui *émergeaient* de cette herbe. Je *quittai* le sentier et *courus* toucher leurs petites feuilles.
4. Remplacez la proposition infinitive par une subordonnée introduite par *que:* Je sentis un amour naître en moi.
5. Relevez le vocabulaire correspondant aux trois champs sémantiques de a) l'odorat – b) la vue – c) l'ouïe.

4. La Provence Maritime

De même que l'intérieur, le littoral provençal est loin de se montrer partout favorable à la vie. Les rivages sont parfois escarpés, tailladés de petits golfes (calanques), étroitement enchâssés entre des murailles brusquement dressées sur les flots: rivages pittoresques mais inhospitaliers. Lorsque l'accès à
5 ces anses est un peu plus facile, il s'y niche de petits ports de pêche.

C'est un spectacle émouvant que cette côte sauvage qui, de Marseille à Cassis dresse ses hautes murailles calcaires. Certains golfes plus vastes, plus fertiles abritent des villages et des villes. C'est le cas de Cassis, de Bandol, de Saint-Raphaël, Toulon et Marseille.

10 L'économie de la Provence maritime se présente sous trois aspects essentiels: ses progrès incessants dans le domaine du commerce maritime, et ceux de l'industrie qui en découle, le développement de l'appareil militaire autour de Toulon et le goût croissant de la villégiature.

Celle-ci a dispersé sa clientèle sur les rivages restés jusqu'alors à peu près
15 déserts. A l'origine, il ne s'agissait que d'une clientèle aristocratique, se portant sur la côte niçoise pour y jouir de la douceur hivernale. Mais peu à peu, le goût du tourisme se répandit dans les couches sociales de plus en plus modestes. Ainsi s'est opérée, de Toulon à Marseille jusqu'à Cannes, une véritable colonisation et ce tourisme contribue à soutenir l'existence de cer-
20 taines bourgades ayant perdu peu à peu toute activité maritime.

La forêt est une richesse inestimable sur le plan de l'aménagement touristique. Elle donne au paysage une beauté et une qualité incomparables. L'urbanisation toutefois la menace. Les résidences secondaires, les villages de vacances, les terrains de camping posent le problème de l'urbanisation de la
25 forêt – mais certains affirment que là est la seule solution de réduire le nombre des incendies de forêt . . . . Près de 500 000 ha ont été détruits par le feu depuis un demi-siècle. La prévention des incendies est une œuvre de longue haleine. Cependant, échappant au feu et au tourisme, il demeure, un peu en retrait, d'innombrables lieux au charme secret, de vieux villages perchés sur
30 des éperons, des bourgades riches de monuments prestigieux, fières. Ce

sont de véritables havres de quiétude, comparées avec la ville tentaculaire de Marseille.

© Horizons de France «Provence»,
Collection «Les Nouvelles Provinciales»

Vocabulaire

3 **escarpé:** qui est en pente raide – 4 **enchâsser:** ici: enfermer – 14 **la villégiature:** séjour de repos dans un lieu de vacances – 30 **perché:** placé dans un endroit élevé – 31 **l'éperon,** (m.): avancée en pointe – 32 **la quiétude:** la tranquillité – 32 **tentaculaire:** qui s'etend dans tous les sens (comparaison avec la pieuvre).

Exercices de vocabulaire et de grammaire

1. Trouvez le verbe correspondant aux mots suivants:
   a) favorable – b) les flots – c) l'accès – d) la solution – e) la prévention
2. Expliquez le mots ou groupe de mots
   a) inhospitalier
   b) il s'y niche
   c) la colonisation
   d) qui en découle
   e) est une œuvre de longue haleine
3. Mettez en relief les membres de phrases en italique en vous servant de: c'est... qui c'est... que
a) Il s'y niche *de petits ports de pêche.*
b) Certains golfes plus vastes, plus fertiles abritent *des villages et des villes.*
c) L'économie de la Provence se présente *sous trois aspects essentiels.*
d) Celle-ci a dispersé sa clientèle *sur des rivages restés jusqu' alors déserts.*
e) Ainsi s'est opérée, de Toulon à Marseille jusqu'à Cannes *une véritable colonisation.*
f) *Ce tourisme* contribue à soutenir l'existence de certaines bourgades.
g) *Elle* donne au paysage une beauté et une qualité incomparables.
h) Près de 500.000 hectares ont été détruits *par le feu.*
i) Il demeure, un peu en retrait, *de vieux villages perchés sur des éperons.*

Questions

1. Quels sont les trois points essentiels de l'économie de la Provence maritime?
2. Pourquoi le tourisme menace-t-il la région?
3. Que pensez-vous de la phrase: «L'urbanisation de la forêt est la seule solution de réduire le nombre des incendies de forêt»?
4. Comment – à votre avis – pourrait-on mieux organiser la lutte contre les incendies de forêt?
5. Expliquez ce que pense l'auteur dans sa remarque: «... échappant au feu et au tourisme...»?

Marseille, ville de commerce

Malgré son évolution actuelle, Marseille reste un port industriel dont les fabrications sont liées à la nature des produits importés et, accessoirement, à quelques matières premières locales: (lignite, bauxite et sel). Le fait est ancien: Marseille, autrefois, importait essentiellement pour elle-même, mais non pour les autres. Pourtant, comme la ville était constituée de commerçants, de négociants, de courtiers, l'industrie a toujours été considérée comme secondaire: le grand port phocéen n'a jamais été un centre industriel. Les entreprises sont d'ailleurs de très modeste dimension et certains regroupements récents n'ont pas changé fondamentalement les structures économiques. Les usines sont surtout établies à proximité des ports nord, mais actuellement une dispersion s'effectue, et beaucoup d'entre elles ont gagné les zones industrielles, hors de la ville, vers Berre ou dans la vallée de l'Huveaune.

Un complexe industriel marseillais s'est progressivement constitué mais sans que les liens structurels en réunissent suffisamment les éléments dispersés. Les entreprises pétrolières de Berre-Lavéra-Fos lui échappent. Le centre industriel de Gardane (lignite, alumine) est proche, mais non «marseillais»; il en est de même de La Ciotat (constructions navales). Il n'y a jamais eu à Marseille de capitalisme industriel puissant.

Dans la ville de Marseille proprement dite, il n'y a pas de mono-industrie, mais une liste variée d'usines dont certaines sont plus importantes que d'autres, sans qu'aucune n'exerce une prédominance. Des industries essentielles, comme le textile ou la grande industrie mécanique, sont pratiquement absentes.

La plus célèbre industrie marseillaise est celle des corps gras, née de l'huile d'olive locale et alimentée ensuite par les oléagineux tropicaux. La concurrence des jeunes industries africaines et celle des détergents de synthèse se sont durement fait sentir depuis la guerre; les vieilles entreprises familiales se sont regroupées dans la société Unipol, mais cela n'a pas empêché la puissante pénétration de capitaux extérieurs dans les affaires marseillaises, ni l'implantation de concurrents étrangers. Les industries alimentaires sont représentées par des brasseries, chocolateries (Nestlé), raffineries de sucre (Saint-Louis), grands moulins, conserveries, fabriques des boissons et apéritifs.

L'industrie de matériaux de construction (tuiles, ciments) est ancienne et se développe avec les besoins du bâtiment; elle est localisée principalement à Marseille et dans sa banlieue proche.

L'industrie des métaux est médiocrement représentée, sauf par deux secteurs brillants: l'alumine et les réparations navales. Marseille, ou plutôt Gardanne, traite la bauxite varoise et l'expédie dans les Alpes pour l'affinage. La réparation navale est la plus importante de France, puisque Marseille réalise 70 % du chiffre d'affaires national; les bassins offrent neuf formes de radoub et un dock flottant. La construction navale se fait hors de Marseille, à Port-de-Bouc et à La Ciotat, mais réparation et construction entraînent une multitude d'industries annexes (peintures, fonderies, moteurs).

L'industrie chimique est implantée davantage vers Berre et Fos. Marseille possède bien quelques usines notables pour produire du Rilsan (Organico), des acides, des produits à base de souffre, etc.. Ce n'est quand même pas considérable.

C'est le secteur tertiaire qui triomphe à Marseille, avec les deux tiers des actifs. L'industrie n'occupe que le dernier tiers. Ces pourcentages sont assez révélateurs. Le port, certes, explique l'importance des transports, qui emploient 11 % des actifs; mais Marseille est aussi un grand centre de commerce et de services qui sont, pour une part, à la fois cause et conséquence du chiffre élevé d'habitants.

Préfecture et chef-lieu d'une région étendue, Marseille dispose d'importants équipements administratifs qui lui assurent un grand poids dans le Midi, auxquels s'ajoutent des services publics tels que les universités, les grands hôpitaux, etc. Il s'agit là d'une fonction essentielle pour la ville, mais son rôle commercial n'est pas moindre. Les importations et la masse démographique de l'agglomération expliquent la multitude des dépôts de grandes firmes nationales, des commerces de gros, des maisons d'expéditions qui distribuent produits alimentaires et biens industriels dans tout le Sud-Est. Certes, la concentration et les formes modernes de la distribution (intégration chaînes) ont inégalement pénétré les secteurs commerciaux, mais cela n'empêche pas Marseille d'être la plus grande place commerciale du Midi, qui ravitaille de nombreux départements.

Trafic portuaire en croissance, services et commerces de grande envergure constituent des données glorieuses; mais Marseille n'en a pas moins à faire face à de graves problèmes d'avenir.

extrait de: La Provence, Découvrir la France,
© Larousse, Paris 1974

Vocabulaire

7 **le courtier:** Personne qui règle des opérations commerciales – 8 **phocéen:** de Phocée, de Marseille – 26 **le corps gras:** substances organiques comprenant les beurres, graisses et huiles – 27 **l'oléagineux, (m.).**: plante ou liquide dont on tire de l'huile – 28 **tropical:** relatif aux régions qui se trouvent de part et d'autre de l'Equateur – 28 **le détergent de synthèse:** produit qui sert à nettoyer composé chimiquement – 43 **le radoub:** bassin d'un port aménagé pour exécuter les réparations de bateaux. – 68 **révélateur:** qui fait connaître – 68 **ravitailler:** fournir des vivres pour répondre aux besoins d'une population – 69 **le trafic portuaire:** importance et fréquence de la circulation dans le port.

Questions

1. Quelle importance a le port de Marseille pour la ville même et pour l'ensemble de la France?
2. Comment la structure industrielle de la ville de Marseille a-t-elle changé?

3. Quels secteurs de l'industrie marseillaise peuvent se maintenir et pour quelles raisons ?
4. De quelle manière les industries sont-elles groupées dans la région marseillaise et quelle en est la conséquence ?
5. Marseille: ville qui enfle de jour en jour, campagne: région qui se dépeuple de plus en plus. – Quelles sont les conséquences de ces deux phénomènes ?
5. Relevez le vocabulaire ayant rapport à la vie économique et commerciale et trouvez des critères pour le classer.

5. La Provence Rhodanienne

La Provence rhodanienne est essentiellement un pays de plaines et de plaines alluviales. Elles diffèrent cependant entre elles tant par les caractères physiques que par le parti que l'homme en a tiré. On peut reconnaître trois
5 régions essentielles: un delta (la Camargue), les plaines de Basse Durance et du Comtat au nord et la Crau.
Ces plaines fertiles de la Durance étaient sans cesse menacées par les inondations. On a dû endiguer la Durance et le Rhône, canaliser, drainer. Toutes les villes du Rhône sont nées autrefois à l'abri du fleuve sur des rochers:
10 Avignon, Arles, Tarascon et Beaucaire ainsi qu'Orange.
De-ci, de-là subsistent d'un effondrement entre les Alpes et le Massif Central des îlots calcaires (Les Baux, Gordes). Le calcaire a été utilisé dans la construction des monuments de toutes les époques. Il a fourni surtout le matériel pour les constructions romaines, celui des églises romanes et des
15 châteaux médiévaux. L'axe rhodanien constituait une voie de communication entre la Méditerranée et les terres du Nord de la France et de l'Europe. L'influence romaine y fut la plus précoce et la plus importante de la Gaule. L'attraction de la région a toujours été considérable: Arles fut élevée au rang de capitale d'empire et Avignon fut choisie pour être la résidence des Papes.

20 *Les plaines de la Durance et du Comtat*

Cette région est un véritable jardin. La reconversion agricole a été provoquée par trois crises successives: en 1845 la pébrine compromet l'élevage du ver à soie. En 1865, c'est le phylloxéra qui détruit la vigne au moment où la chimie ruine la culture de la garance. Les irrigations ont favorisé les cultures
25 maraîchères qui, elles, ont entraîné la multiplication de la petite propriété, la dispersion de l'habitat et la construction d'un paysage original. La vigne occupe une place importante. Le vignoble des Côtes du Rhône produit surtout des rosés. En somme, dans toutes les plaines, l'économie actuelle rappelle encore par certains côtés celle d'autrefois. Le genre de vie n'a d'ailleurs
30 pas subi de transformation radicale. Mais ici aussi le dépeuplement sévit depuis le milieu du XXe siècle. Seule la ville d'Orange a réussi à se mainte-

nir. Installée sur une butte, dans une zone où débouchent sur la voie du Rhône les routes alpines, la ville vécut longtemps de cette position stratégique et commerciale. Elle est aujourd'hui un centre de marché important, un centre commercial et touristique. Le sud de cette région, très irrigué, a subi un changement plus radical. Là, encore plus qu'au nord, c'est un véritable jardin potager dont le rendement est très élevé. Cavaillon et Carpentras doivent leur renom aux marchés de primeurs et alimentent toute la France en légumes. Le centre de ce sud est Avignon, ville en pleine expansion.

La Camargue

«Un plat pays immense; de la friche à perte de vue; de loin en loin et pour tout arbre de rares tamaris . . . et la mer qui paraît . . .» Image de la Camargue, vulgarisée par tant d'œuvres littéraires et cinématographiques, notamment par «Mireille» et par «Crin-Blanc» . . . Pays plat et désolé et qui pourtant fascine par sa nature sauvage et par son éloignement: la Camargue est un bout du monde, isolé entre les deux bras du Rhône. . . A la faveur de ses crues et des interventions humaines, le Rhône a longtemps divagué, construisant des levées de fines alluvions: elles portent les mas et les meilleures terres. Sur cette terre où se mêlent eaux douces et eaux saumâtres, il convient de distinguer une Camargue agricole et une Camargue sauvage. Mais, partout, la population est rare, dispersée en de grands domaines. La richesse première de la Camargue fut le troupeau. La vigne échappa au phylloxéra, car on pouvait sauver les plantes en les immergeant. La culture intensive du riz fut imposée par les difficultés de ravitaillement pendant la seconde guerre mondiale et est aujourd'hui pratiquée sur plus de 20.000 hectares. Très mécanisée, la production qui approche les 500.000 quintaux, est en pleine expansion et couvre une grande partie des besoins de la consommation française.

Les étangs et les marais sont le royaume des oiseaux les plus divers. On y trouve des flamants roses, qui s'y reproduisent (la Camargue étant, avec la Marisma andalouse, le seul lieu de leur reproduction). Et depuis la guerre, deux réserves ont été créées: la réserve de Vaccarès, la seconde plus à l'ouest. Au total, 13.000 hectares de Camargue maintenus naturels. Ils doivent permettre d'aider à la sauvegarde du caractère original de la région et d'organiser l'accueil touristique. Six cent mille visiteurs par an aux Saintes-Maries-de-la-Mer, village connu pour son pèlerinage des gitans, et qui est devenu une station balnéaire importante.

La Crau

Aussi sèche que l'autre est mouillée, La Crau est pourtant sœur de la Camargue. Née d'un autre fleuve, quand la Durance s'écoulait librement vers la mer, aussi faiblement peuplée, à moitié cultivée seulement, elle offre les mêmes horizons bleus. Le vent, l'aridité rappellent la Camargue. La steppe criblée de gros galets, plantée d'oliviers et d'amandiers rabougris, a vocation de pâturages extensifs pour les moutons. L'éleveur cravien ne possède que son troupeau. Bien sûr que les temps ont changé: les villages ne verront plus passer le cortège de brebis, de chèvres, de chiens et d'ânes. Le transport se fait par chemin de fer ou par camions.

Dans cette région, les exploitations de grande taille dominent, et depuis quelques années, la Crau est devenue productrice de céréales, de légumes et de fruits, et s'oriente même vers l'élevage des vaches laitières. L'irrigation de la Crau débuta en 1559, lorsqu'on amena à Salon les eaux de la Durance. Cette irrigation a permis de transformer les terrains en prairies de fauche, donnant un foin destiné aux hippodromes et au sevrage. Cette région est aussi une grande région de culture du melon. Le melon cultivé est dit «de Cavaillon».

Mais il s'est avéré que l'eau amenée de la Durance ne suffit pas à l'irrigation de la partie centrale de la Crau; celle-ci devient de moins en moins agricole. En plus, l'emprise de Marseille y est déjà considérable et ce secteur supportera à brève échéance les conséquences de l'aménagement du port de Fos.

© Horizons de France «Provence».
Collection «Les Nouvelles Provinciales»

Vocabulaire

2 **Rhodanien:** qui a rapport au Rhône – 11 **l'effondrement,** (m).: abaissement du terrain qui aboutit à la formation d'un fossé – 17 **précoce:** qui se produit avant le temps normal – 22 **la pébrine:** maladie attaquant les vers à soie – 23 **le phylloxéra:** insecte qui s'attaque à la vigne – 25 **maraîcher:** qui a rapport à la production de légumes – 30 **sévir:** se faire sentir vivement – 32 **la butte:** petite colline – 41 **la friche:** étendue de terrain inculte – 42 **le tamaris:** petit arbre à fleurs roses qui pousse dans le Midi – 47 **la crue:** montée des eaux d'un cours d'eau – 47 **divaguer:** errer à l'aventure – 49 **saumâtre:** d'un goût approchant celui de l'eau de mer – 56 **le quintal:** unité de mesure égale à 100 kilos – 67 **balnéaire:** relatif aux bains et surtout aux bains de mer – 73 **cribler:** couvrir de – 73 **le galet:** caillou arrondi par la mer, un torrent ou par un glacier – 73 **rabougri:** qui n'a pas atteint son développement normal – 82 **la fauche:** action de couper avec une faux – 83 **le sevrage:** moment où on ôte à un enfant ou à un animal le lait de sa mère et lui donne une nourriture appropriée à son âge – 86 **s'avérer que:** apparaître que.

Exercices de vocabulaire et de grammaire

1. Trouvez le substantif correspondant aux verbes suivants:
   a) différer – b) menacer – c) canaliser – d) naître – e) subsister – f) fournir – g) détruire – h) fasciner – i) mêler – j) créer – k) permettre.
2. Remplacez les membres de phrases en italique par un pronom personnel ou adverbial:
   a) On peut reconnaître trois *régions essentielles*.
   b) Il a fourni le matériel *des églises romanes*.

c) La pébrine compromet l'élevage *du ver à soie.*
   d) Le Sud de cette région a subi un *changement* radical.
   e) Carpentras et Cavaillon doivent leur renom *aux marchés.*
   f) La première richesse *de la Camargue* fut le troupeau.
   g) L'eau ne suffit pas *à l'irrigation de la partie centrale.*
3. Mettez à la voix passive:
   a) On a dû endiguer la Durance et le Rhône.
   b) L'axe Rhodanien constituait une voie de communication.
   c) La pébrine compromet l'élevage du ver à soie.
   d) Le phylloxéra détruit la vigne.
   e) Les irrigations ont favorisé les cultures maraîchères.
   f) Le sud de cette région a subi un changement plus radical.
4. Expliquez les expressions suivantes:
   a) à perte de vue
   b) Le Rhône a longtemps divagué
   c) La Crau est sœur de la Camargue

Questions

1. Expliquez l'image:
   «Cette région est un véritable jardin».
2. Quels sont les deux visages de la Camargue?
3. Imaginez quels peuvent être les dangers du tourisme dans une région telle que la Camargue.
4. Quels sont les points communs entre la Crau et la Camargue?
5. En quoi diffèrent-elles?
6. Quels sont les problèmes qui se posent en Crau?
7. Quelles mesures faudrait-il appliquer pour mettre fin à la lente destruction de l'état naturel de la région?

6. Petit lexique

La Provence en chiffres

Superficie:	31.437 km²
Population:	3.688.392 hab.
Densité:	112
Population active:	1.300.000
Principales villes:	Marseille, Nice, Toulon, Aix-en-Provence, Avignon, Cannes, Antibes, Arles, Hyères, Grasse...
Départements:	Alpes-de-Haute-Provence, chef-lieu: Digne
	Hautes-Alpes (Gap)
	Bouches-du-Rhône (Marseille)
	Var (Draguignan)
	Vaucluse (Avignon)
Agriculture:	Blé, cultures fourragères, prairies artificielles, riz, primeurs, olives, fruits, vigne, lavande, fleurs, truffe, élevage.

Industrie: Constructions navales et aéronautiques, sidérurgie, chimie, pétrochimie, métallurgie, constructions électriques et électroniques, raffinerie de pétrole, alimentation, ciment, bauxite, lignite, savonnerie, alumine, cuirs et peaux, parfumerie, tourisme.

II. Histoire de la Provence
1. La Provence antique

L'histoire a donné son originalité et son unité à la Provence. Les premières populations connues s'établirent dans les vallées du Rhône et de la Durance. Ces hommes – les Ligures – construisirent des villages appelés Castellas, cités fortement unies autour de leur chef comme en témoignent les nombreux dolmens épars en Provence.

L'homme provençal est né du sang mêlé des premiers héros grecs et des vierges ligures comme le rappelle la légende de Protis et Gypsis qui raconte la fondation de Marseille – Massilia – en 600 avant J.C. par les Grecs de Phocée. L'histoire de la Provence se confond dès lors avec celle de Marseille.

Les populations de la Provence n'étaient pas seulement enrichies par le commerce massaliote et le regain d'activité qu'il provoquait. Elles avaient le privilège de posséder sur leurs côtes l'exemple de la plus pure civilisation héllénique.

Le reflux des Celtes, deux siècles plus tard, transforma la Provence. Ils essayèrent de jeter les Massaliotes à la mer. Les Celtes organisèrent le pays. Ils construisirent de véritables forteresses sur les hauteurs – les oppida –, créèrent une confédération de cités provençales.

Ce furent les Massaliotes qui provoquèrent l'intervention romaine. Ils la demandèrent devant la piraterie ligure. Des troupes romaines vinrent au secours des Grecs et entreprirent la conquête du pays tout entier. Ils fondèrent la ville d'Aquae Sextae (Aix-en-Provence), puis formèrent la Gaule transalpine avec Narbonne comme capitale. Un réseau de routes solides reliant le Rhône avec les Alpes est établi; les monuments se multiplient, la Provence s'urbanise.

A la fin de l'empire, Arles devint le chef-lieu de la Provence. Cette ascension politique s'accompagna d'une splendeur et d'une prospérité commerciale inimaginables.

La Provence est donc, à la fin des temps antiques, le carrefour où sont venues se fondre les civilisations les plus avancées.

© Horizons de France «Provence».
Collection «Les Nouvelles Provinciales»

Vocabulaire

6 **épars**: répandu ça et là – 12 **le regain**: renouvellement.

Exercices de vocabulaire et de grammaire

1. Donnez des antonymes des mots suivants:
    a) les dolmens *épars*
    b) le sang *mêlé*

c) se confond avec
   d) enrichies
   e) construisirent
   f) à la fin de
2. Transformez le syntagme verbal en syntagme nominal:
   a) Ces hommes *construisirent* des villages.
   b) L'histoire de la Provence *se confond* avec celle de Marseille.
   c) Les populations de la Provence *étaient enrichies* par le commerce.
   d) Les Celtes *organisèrent* le pays.
   e) Ils *fondèrent* la ville d'Aquae Sextae.
   f) Un réseau de routes solides *est établi*.
3. Commencez la phrase: «L'homme provencal est né du sang mêlé des héros grecs et des vierges ligures» par:
   a) Il se peut que . . .
   b) Peut être que . . .
   c) Je doûte que . . .
   d) Je pense que . . .
   e) On dit que . . .
   f) Il est probable que . . .
   g) Il semble que . . .

Questions

1. Quelles sont les civilisations qui se succédèrent sur le sol de la Provence?
2. Qu'ont-elles apporté à la Provence?
3. Qui a provoqué l'intervention romaine en Provence?
4. Comment les Romains ont-ils transformé le pays?

2. Evolution historique de la Provence

1000 av.J.C.	Les Ligures occupent le littoral méditerranéen.
600 av.J.C.	Fondation de Marseille (Massilia) par les Grecs
125–121	Conquête romaine (défaîte des Celtes).
4ème siècle ap.J.C.	Le christianisme prend naissance en Provence. (Arles est la capitale religieuse: conciles de 314 et 353
5e–6e siècles	Invasion des Vandales, Bourgondes, Wisigoths, Ostrogoths, Francs.
843	La Provence est constituée en royaume par Lothaire au traité de Verdun.
947	Formation d'un royaume de Bourgogne-Provence, futur royaume d'Arles.
1032	Le royaume de Bourgogne-Provence est rattaché au Saint Empire Romain Germanique. Les Comtes de Provence jouissent néanmoins d'une relative indépendance.
12e siècle	Le Comté de Provence passe aux mains des Comtes de Toulouse.

1246	La Provence passe à la maison d'Anjou.
1286	Première réunion des Etats de Provence.
1434-1480	Le «bon roi René» ouvre pour la Provence une ère de prospérité et permet un épanouissement culturel.
1482	Les Etats d'Aix reconnaissent Louis XI comme Comte de Provence.
1486	La réunion de la Provence à la France est ratifiée par les Etats.
1501	Institution du parlement d'Aix.
1650-1653	La Provence participe à la Fronde.
1660	Louis XIV abolit les libertés municipales de Marseille.
1691	Nice est prise par les Français.
1792	500 volontaires marseillais défilent dans Paris au chant de l'armée du Rhin qui, désormais, s'appellera «La Marseillaise».

Travail de groupe

Recherchez à l'aide de livres d'histoire, de tableaux chronologiques et de livres sur la Provence de plus amples renseignements sur les époques importantes de l'histoire provençale.

III. Arts en Provence

1. La civilisation romaine

En nulle autre ville qu'Arles ne peut être reconnu le caractère grandiose de l'urbanisme romain.

Grâce aux Romains, les villes s'ornent de plus en plus de monuments gigantesques, surtout de théâtres et d'amphithéâtres dont le plus bel exemplaire se trouve à Orange. L'amphithéâtre est une création romaine. Le plus ancien, celui de Cimiez, qui est aussi le plus petit, était réduit à une simple arène entourée d'un podium. La complication des jeux de théâtre a donné à celui d'Arles un plan unique en Gaule. C'est le plus grand de toute la Gaule romaine.

Les théâtres de Provence qui constituent une série unique en Gaule datent d'Auguste et sont les témoins d'une époque où survivait dans le monde romain le goût du théâtre grec et des belles-lettres.

Le développement de l'urbanisation entraîne la construction de nombreux thermes. Les tout premiers sont ceux de Glanum, cité romaine bâtie sur les ruines de la colonie marseillaise. L'ensemble le plus important est celui des thermes de Cimiez. Arles possède des thermes imposants dont les vestiges hauts de trois étages servent de murs aux maisons de tout un quartier voisin du Rhône. Leur plan et leur style reproduisent les thermes de Trèves, bâtis sur le modèle de ceux de Rome, avec salles en abside voûtée, piscines en marbre, promenoirs, cour et étages avec salons de conversation et bibliothèque.

Ces thermes étaient alimentés par des aqueducs dont les arcades et les murs franchissent encore les vallons et les champs – à Cimiez et à Fréjus par exemple. Ces aqueducs constituent les restes les plus impressionnants de la grandeur romaine.

Mais les plus émouvants sont les habitations privées dont les fouilles, ces dernières années, ont exhumé les ruines à Glanum (Saint-Rémy) à Aix, à Fréjus, à Vaison, Orange et Arles et sur le bord de la mer où s'étaient établies de luxueuses villae.

A Glanum, les maisons groupées auprès d'une source, s'ornent de colonnades qui encadrent un atrium. Le sol s'orne de mosaïques à dessins géométriques. Sur la côte, les restes des villae qui dominaient la mer laissent apercevoir de riches mosaïques, tandis qu'à l'intérieur des terres des grandes villae rusticae montrent l'exploitation agricole du pays.

Les hospices et les mausolées achèvent ce tableau de l'architecture romaine. Monuments triomphants, ils commémorent le héros qui a vaincu. C'est un tel édifice qui s'élève à Saint-Rémy pour célébrer la mémoire des petits-fils d'Auguste, morts du vivant de leur grand-père. Tous ces édifices sont ornés de sculptures magnifiques.

Romains sont aussi les arcs de triomphe qui annonçaient la magnificence de la cité et dont nulle autre contrée de l'empire ne possède d'aussi grandioses exemplaires. Les frises de l'Arc de Triomphe d'Orange racontent la conquête de la Gaule et la lutte contre les Ligures. Pendant plus de cinq siècles, la
45 Provence vécut à l'heure de l'Empire. La Gaule se confond avec Rome et chaque ville s'ingénia à lui ressembler. Son art reflète l'art de Rome; mais sous le masque romain apparaît sans cesse le cachet hellénique. Ayant oublié toute attache celtique, c'est par ce caractère grec que cet art manifeste son provençalisme.

© Horizons de France «Provence».
Collection «Les Nouvelles Provinciales»

Vocabulaire

4 **s'orner de:** s'embellir, se faire plus beau – 20 **l'abside,** (f.) extrémité arrondie d'une église romane – 20 **voûté:** courbé, arrondi – 27 **la fouille:** action de chercher pour mettre à jour des monuments antiques – 28 **exhumer:** mettre à jour – 42 **la contrée:** certaine étendue de pays – 47 **le cachet:** marque distinctive, originalité.

Grammaire et vocabulaire

1. Cherchez des antonymes des mots suivants:
   a) gigantesques – b) la complication – c) la construction – d) exhumé – e) achèvent – f) se confond
2. Trouvez les substantifs correspondants:
   a) orner – b) réduire – c) survivre – d) dominer – e) commémorer – f) vaincre – g) posséder – h) ressembler – i) refléter – j) manifester
3. Mettez en relief les membres de phrases en italique en utilisant: c'est . . . qui c'est . . . que
   a) *Grâce aux Romains*, les villes s'ornent de plus en plus.
   b) Le plus ancien est *celui de Cimiez.*
   c) Les tout premiers sont *ceux de Glanum.*
   d) Leur plan et leur style reproduisent *les thermes de Trèves.*
   e) Ces thermes étaient alimentés *par des aqueducs.*
   f) Les maisons sont groupées *auprès d'une source.*
   g) *Ils* commémorent le héros qui a vaincu.
   h) Chaque ville s'ingénia *à lui* (Rome) ressembler.
4. Remplacez par un pronom personnel ou adverbial les membres de phrases soulignées:
   a) Les villes s'ornent *de monuments.*
   b) La complication des jeux de théâtre a donné *à celui d'Arles* un plan unique.
   c) Ils sont les témoins *d'une époque.*
   d) Le développement de l'urbanisation entraîne la construction *de nombreux thermes.*
   e) Chaque ville s'ingénia *à lui ressembler.*
   f) Son art reflète l'art *de Rome.*
   g) Ayant oublié *toute attache celtique*, c'est par ce caractère grec que cet art manifeste son provencialisme.

Questions

1. Grandiose: relevez dans le texte les substantifs, adjectifs, verbes qui expriment cette idée de grandeur.
2. Faites une liste des différents monuments et vestiges romains que l'on peut trouver en Provence.
3. Qu'est-ce qui fait l'originalité de l'art romain en Provence.
4. Etablissez un circuit touristique pour un étranger s'intéressant à l'histoire de la Provence romaine. Justifiez votre choix oralement.

LE PONT DU GARD.

2. Les vestiges romains

Le Gard ou Gardon est traversé par un célèbre aqueduc romain, le Pont du Gard, qui autrefois transportait l'eau des sources de l'Eure près d'Uzès, sur une distance de plus de 50 km, eau qui devait servir à l'alimentation de la
5 ville de Nîmes.

Si l'on considère qu'il a fallu traverser des vallées et des monts, faire de grands détours et construire un tel aqueduc pour que Nîmes reçoive une eau fraîche et pure, on réalise la performance accomplie par les architectes et ingénieurs romains. Chaque jour étaient livrés 20 000 m³ d'eau.
10 Cette réalisation technique est aujourd'hui un monument de la grandeur de l'empire romain. Le Pont du Gard, malgré sa hauteur, ses 49 mètres, ses trois étages superposés, s'élance élégamment au-dessus de la rivière. Malheureusement, le Pont du Gard est transformé aujourd'hui en centre touristique. Les rochers aux alentours sont sillonnés par des cables qui alimentent
15 en électricité les projecteurs, les touristes se pressent aux abords, grimpent sur le pont, l'escaladent, le traversent à son étage supérieur déjà que trop endommagé, les pédalos glissent sur le Gardon dont l'eau, autrefois claire comme le cristal, est troublée, polluée par les baigneurs.

L'histoire du Pont du Gard est étroitement liée à celle de la ville de Nîmes.
20 Cette ville grandiose a vécu son apogée sous l'empereur Hadrien. Les vestiges les plus impressionnants de cette époque – les arènes avec leurs 21 000 places – se sont conservés à travers les siècles.

A la même époque fut construit le temple – joyau de l'architecture romaine – appelé depuis le XVIe siècle «La maison Carrée». Ayant servi tour à tour
25 de mairie, de maison, d'église, d'écurie, ayant échappé in extremis à la destruction par Colbert – ministre des Finances de Louis XIV – qui voulait la reconstruire dans le parc de Versailles, elle s'est conservée intacte. C'est non seulement le monument religieux romain le mieux conservé, mais celui dont les lignes sont les plus nobles et les plus pures. La Maison Carrée est le
30 seul vestige de ce qui fut le Forum Romain. A l'intérieur, un musée regroupe des mosaïques, fresques et sculptures antiques.

Nîmes recèle beaucoup d'autres vestiges romains. La Porte d'Arles, le Castellum Divisiorum, dont la fonction était de distribuer l'eau amenée à Nîmes, la Tour Magne – vestige d'une citadelle antique – les jardins de la Fon-
35 taine qui se trouvent à l'emplacement des thermes romains, d'un temple et d'un théâtre. Le théâtre n'existe plus, mais le temple de Diane bien qu'en ruine, permet encore de rêver et d'imaginer ce qu'il fut et ce qu'a été la splendeur de Nîmes à l'époque romaine.

Vocabulaire
14 **sillonner**: parcourir dans tous les sens – 17 **le pédalo**: bateau que l'on fait avancer à l'aide de pédales – 20 **l'apogée**, (f.): le plus haut degré d'élévation – 32 **receler**: renfermer.

Exercices de vocabulaire et de grammaire

1. Transformez les phrases suivantes en les commençant par «bien que» + une proposition subordonnée:
   a) Le Pont du Gard, *malgré sa hauteur, ses 49 mètres, ses trois étages,* s'élance élégamment au-dessus de la rivière.
   b) *Ayant servi tour à tour de mairie, de maison, d'église, d'écurie,* elle s'est conservée intacte.
   c) Mais le temple de Diane, *bien qu'en ruine,* permet de rêver.
2. «La fonction du Castellum Divisiorum était de distribuer l'eau amenée à Nîmes». Commencez cette phrase par:
   a) Je pense . . .
   b) Il semble . . .
   c) Il est possible . . .
   d) Peut-être . . .
   e) Je me demande . . .
   f) On peut doûter . . .
   g) Il me semble . . .
3. Introduisez dans les phrases suivantes «tout» à la forme voulue:
   a) L'eau devait servir à l'alimentation de .... la ville.
   b) .... Nîmes recevait une eau .... pure et fraîche.
   c) .... les jours étaient livrés 20.000 m³ d'eau.
   d) L'eau est .... troublée, ... polluée par les baigneurs.
   e) Elle s'est conservée .... intacte.
   f) Le temple de Diane, bien que .... en ruine, permet encore de rêver à .... ce qu'il fut et .... ce qu'a été la splendeur de Nîmes.

Questions

1. Vous êtes un guide responsable d'un groupe de touristes étrangers qui visitent la ville de Nîmes. Que leur montrez-vous et quelles sont les explications que vous leur donnez?
2. Vous avez fait cet été un voyage en Provence et avez admiré le Pont du Gard. Rentré dans votre pays, vous montrez vos photos et diapositives à un groupe d'amis et vous les commentez.

NÎMES MAISON CARRÉE.

3. L'art roman en Provence

C'est avant tout dans le sillage de Rome que le christianisme a pénétré, avec d'autres religions orientales, dans la Gaule occupée. C'est par la Provence et par le couloir rhodanien qu'il a fait rapidement tache d'huile, s'implantant très tôt à Arles, à Vienne et à Lyon et ceci en dépit des persécutions. Sont nés par la suite de nombreux foyers créateurs d'un art chrétien de haute époque dont les aboutissements les plus remarquables de l'art roman de Provence et du Rhône, sont Saint-Trophime d'Arles et Saint-Gilles-du-Gard.

Il a fallu attendre le déclin de la civilisation gallo-romaine et la fin définitive des grandes invasions barbares, pour que la Provence connaisse, au 12e siècle, une véritable renaissance architecturale. Ce n'est pourtant pas un siècle novateur; dressée par les architectes romains à construire la voûte en berceau sur cintre, la Provence sera, avec le Languedoc, la première école romane qui sût voûter une nef; mais esclave de sa virtuosité, elle n'adoptera que tardivement la croisée d'ogive, un siècle après l'Ile-de-France et la Normandie.

Au 12e siècle, on assiste à une éclosion d'églises toutes remarquables par leur merveilleux appareil de pierres régulièrement taillées et liées entre elles par de minces joints de mortier. Ces églises romanes de Provence sont directement issues des basiliques romaines et des églises carolingiennes. Leur transept est peu saillant; il n'y a ni déambulatoire, ni triforium. Souvent, elles sont à nef unique et possèdent des niches disposées sous des arcs de décharge dans l'épaisseur des murs où viennent se loger des chapelles. Leur abside se termine par un hémicycle flanqué de deux absidioles lorsque l'édifice a des bas-côtés.

A l'extérieur, c'est le clocher, le plus souvent carré et imposant, qui domine la coupole surmontant le carré du transept. Il est décoré d'arcatures plaquées dites «bandes lombardes» qui témoignent de l'influence de l'Italie du Nord. La façade orientale est d'une ornementation très pauvre. Quand elle est ornée, un large tympan sculpté repose sur un linteau rectiligne. C'est seulement plus tard, sous l'influence languedocienne, que les portails – p.e. ceux de St. Trophime et de St.-Gilles – sont décorés comme une pièce d'orfèvrerie.

Lorsqu'on entre dans une église romane de Provence, on est frappé par la simplicité et l'austérité du vaisseau intérieur. Seules, quelques moulures et quelques corniches forment une décoration discrète que l'on ne distingue guère qu'au bout d'un moment, en raison de l'obscurité qui règne dans la plupart de ces édifices.

Texte inspiré du
Guide Vert Provence, © pneu Michelin, Paris

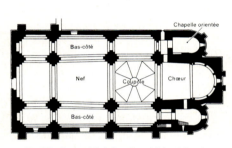

Plan de l'ancienne cathédrale Notre-Dame, à Vaison-la-Romaine.

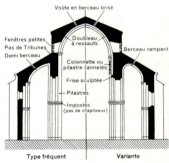

Coupe en élévation d'une église romane provençale.

Vocabulaire

2 **le sillage**: trace qu'un navire laisse à la surface de l'eau – 7 **l'aboutissement**, (m.): le résultat – 12 **la voûte en berceau sur cintre**: voûte en demi-cercle – 15 **la croisée d'ogive**: voûte formée par l'entrecroisement de deux arcs – 19 **le joint**: intervalle garni de mortier qui relie deux pièces – 21 **saillant**: qui avance, qui ressort – 21 **le déambulatoire**: galerie de circulation autour du chœur d'une église – 21 **le triforium**: galerie intérieure d'une église – 25 **le bas-côté**: partie latérale d'une église – 27 **l'arcature**, (f.): suite de petites arcades – 30 **le linteau**: pièce de bois, de métal ou de pierre posée au-dessus des ouvertures pour supporter la maçonnerie – 33 **l'orfévrerie**, (f.): ouvrage en métal précieux – 35 **la moulure**: partie saillante ornant une pièce d'architecture.

Exercices de vocabulaire et de grammaire

1. Retrouvez le verbe correspondant aux substantifs suivants:
   a) tache – b) éclosion – c) joint – d) épaisseur – e) édifice – f) influence
2. Expliquez les expressions suivantes:
   a) il a fait tache d'huile
   b) un siècle novateur
   c) esclave de sa virtuosité
   d) une éclosion d'églises

3. Trouvez des synonymes pour:
   a) en dépit de
   b) par la suite
   c) ne ... guère que
   d) en raison de ...
4. Expliquez l'emploi du subjonctif dans les phrases:
   a) Il a fallu attendre ... pour que la Provence connaisse une renaissance architecturale.
   b) Ce fut la première école qui sût voûter une nef.

Travail de groupe

Ecrivez aux syndicats d'initiative de:
– Arles (églises de Sainte-Trophime et de Saint-Gilles)
– Saintes-Maries-de-la-Mer
– Aix-en-Provence (abbaye de Silvacane)
– Avignon (abbaye de Sénanque)
afin d'obtenir des dépliants touristiques sur ces exemples de l'art roman à l'aide desquels vous créerez un collage que vous présenterez oralement.

4. La peinture du 20ᵉ siècle et les peintres en Provence

Depuis la fin du siècle dernier, de nombreux peintres attirés et charmés par la richesse des couleurs et de la lumière des paysages provençaux, se sont établis en Provence, y trouvant un asile idéal et inspirateur pour leur création artistique. Van Gogh séjourna au couvent Saint-Paul près de Saint-Rémy, Renoir a vécu à Cannes, Bonnard au Cannet. Matisse choisit Nice où il passa les dernières années de sa vie. Il créa la chapelle de Vence dédiée à Saint-Dominique. Le choix de Kisling se porta sur Sanary où il séjourna souvent. Picasso a travaillé à Antibes et surtout à Vallauris, qu'il a rendue célèbre, avant de s'installer à Cannes. Le poète et peintre Jean Cocteau a décoré à Menton une chapelle de pêcheurs ainsi que la salle des mariages de l'Hôtel de Ville. Des artistes ont trouvé plaisir à la poterie qu'ils ont enrichie de nouvelles formes et de nouveaux motifs.

Travail de groupe

Présentez à l'aide de livres d'art, de photos, de diapos, de dépliants que vous vous procurerez en écrivant aux syndicats d'initiative de Saint-Rémy, Cannes, Nice, Vallauris, Antibes, un aperçu de la peinture en Provence. Essayez de montrer l'importance que la Provence a jouée dans l'œuvre des peintres nommés ci-dessus.

IV. Provence intellectuelle et littéraire
1. Les troubadours et la poésie de cour

Au 12e siècle s'ouvre, avec les troubadours, une grande époque pour la littérature provençale. En réalité, l'art des troubadours venu de l'Auvergne, du Limousin et de la Gascogne, n'est pas une littérature purement provençale, mais une littérature englobant toute la langue d'oc. Si les plus originaux des grands poètes des 12e et 13e siècles sont venus d'ailleurs, la Provence en a cependant produit qui ont eu un réel talent.

Le motif essentiel de leur inspiration est l'amour. Non pas un amour déchaîné et passionnel, mais un amour courtois dont la patience et la discrétion finissent par fléchir la dame qui accepte l'hommage de son vassal. Pendant des milliers de vers, les poètes disent leurs inquiétudes et leurs espoirs. Cette littérature savante et recherchée, qui organise les sentiments dans des cadres conventionnels, manque de vie et de sincérité. Au 13e siècle, elle décline rapidement: ses thèmes se sont épuisés et les riches demeures seigneuriales qui lui servaient de cadre ont perdu de leur importance avec la pénétration des influences françaises dans le Midi, favorisée par les départs aux croisades, l'inquisition et l'essor de la monarchie capétienne.

De Provence, cette littérature passe en Italie, où elle se combine au génie de Dante et revient au 15e siècle dans la vallée du Rhône sous la forme du sonnet, avec Pétrarque. Mais cette belle langue colorée s'éteint, quand l'Edit de Villers-Cotterêt, en 1539, impose l'usage du français en Provence dans la pratique administrative.

Si l'histoire littéraire ne peut expliquer la venue des troubadours, du moins est-il certain que la France méridionale leur fut un sol propice. Sur les terres du Languedoc, de l'Aquitaine et de la Provence, une noblesse fort raffinée avait succédé aux seigneurs barbares. L'amour, enfant chéri de la chevalerie, devenait l'objet d'une sorte de religion dont les adeptes étaient des soupirants dans le service de leur dame. Dans cette société, la galanterie prenait place au même rang que la chasse et le tournoi. Ce sont les jongleurs qui firent voyager les œuvres les plus belles; armés de violes, de tambourins, ils allaient par les routes et portaient de château en château les divertissements. Experts à exécuter des tours, ils s'attachaient souvent à la personne d'un poète et lui devaient toute leur fortune. Quelquefois, ils étaient des poètes eux-mêmes. Ces hommes écrivaient une langue qui ne correspondait à aucun dialecte alors parlé par la foule, et qui devint la langue littéraire collective de plusieurs peuples dans les provinces méridionales.

Vocabulaire d'après «Florilège des Troubadours», par André Berry

5 englober: réunir en un tout – **10 fléchir:** faiblir, lâcher prise – **17 l'essor** (m.): développement, épanouissement – **24 propice:** favorable à – **27 le soupirant:** celui qui aspire à se faire aimer d'une femme – **29 le tournoi:** fête à l'époque du Moyen Age.

Exercices de grammaire et de vocabulaire

1. Formez les adverbes d'après les adjectifs suivants:
   a) réel – b) essentiel – c) certain – d) vrai
2. Trouvez des synonymes pour:
   a) *s'ouvre* une grande époque
   b) le motif *essentiel*
   c) impose
   d) la venue
3. Expliquez par une paraphrase:
   a) une langue colorée
   b) l'amour, enfant chéri (de la chevalerie)
   c) prenait place au même rang que . . .
4. Indiquez le genre des substantifs suivants:
   a) l'art – b) l'amour – c) l'hommage – d) l'usage – e) l'histoire – f) l'objet
5. Retrouvez la question à laquelle les mots en italique donneraient la réponse. (Evitez la formule «est-ce que».)
   a) L'art des troubadours est venu *d'Auvergne*.
   b) Le motif essentiel de leur inspiration est *l'amour*.
   c) Les poètes disent *leurs inquiétudes et leurs espoirs*.
   d) Cette littérature manque *de vie et de sincérité*.
   e) Elle se combine *au génie de Dante*.
   f) Elle revient *au XVe siècle*.
   g) Ils allaient par les routes, armés *de violes et de tambourins*.
   h) Ils *lui* devaient toute leur fortune.
   i) Ils étaient *des poètes*.

Questions

1. Expliquez l'importance des troubadours dans l'évolution culturelle de la Provence.
2. Décrivez le déroulement d'un tournoi au Moyen Age.
3. En vous basant sur des manuels littéraires de votre bibliothèque (Lagarde et Michard, Castex & Surer par exemple) faites un compte-rendu sur l'importance et le rôle de la notion de «l'esprit courtois» et sa concrétisation dans la poésie courtoise du Moyen Age.

2. Le Félibrige

Le 21 mai 1854, au château de Fontségugne, près d'Avignon, sept poètes, dont Mistral, jettent les bases d'une association qu'ils appellent le Félibrige, empruntant ce mot mystérieux à une vieille chanson populaire. Cette association se donne pour but de restaurer la langue provençale en l'épurant, de mettre au point son orthographe: Mistral, initiateur du mouvement, en est le principal artisan. En 1859, à peine âgé de 29 ans, il publie sa célèbre «Mireio» (Mireille) qui est vite connue à Paris où elle se révèle comme «l'ambassadrice» du Félibrige. Ce dernier a fait reparaître les costumes d'autrefois, organisé des sociétés de tambourinaires, créé des musées d'art local ou régional, publié des périodiques ou des journaux. Grâce à lui, une poésie spontanée et musicale a fleuri, nos pays méditerranéens ont retrouvé une âme.

Texte inspiré du
Guide Vert Provence, © pneu Michelin, Paris

Travail de groupe
1. Recherchez, dans des manuels scolaires littéraires ou dans l'Encyclopédie, des renseignements qui vous permettront de retracer l'histoire de la fondation du Félibrige et de son rayonnement dans la littérature régionale de la Provence.
2. Cherchez à expliquer le peu d'importance accordé dans les manuels littéraires classiques à la littérature régionale en France.

Frédéric Mistral

Il est très difficile d'analyser l'œuvre poétique, linguistique et sociale de cet homme qui honore non seulement la Provence mais aussi la France, de ce fils de paysan de Maillane.

5 Le genre de Mistral a su créer, à l'époque contemporaine, des œuvres épiques, populaires, pleines de la tradition dans laquelle se reflète l'âme de toute une race.

Sa première œuvre, «Mireille», (1859), est une délicieuse évocation de la Provence, de ses paysages, de ses légendes. Son second poème, Calendal,
10 est une histoire d'amour triomphant, très païenne; c'est le chant de la patrie délivrée par l'héroïsme de ses enfants, c'est une glorification des vertus civiques et morales. L'histoire de Nerte – héroïne aussi passive que Mireille – est une charmante chronique du temps des papes d'Avignon. Le poème du Rhône est une émouvante description de l'ancienne batellerie fluviale et la
15 glorification de la Provence et du Rhône.

Cette œuvre poétique a été écrite en vers. Mistral a suivi la prosodie de la langue française y ajoutant l'harmonie, la mélodie de la langue provençale, de ce parler harmonieux et doux où l'accent a aussi un caractère musical, où le rythme inhérent à chaque mot «se plie aux mouvements passagers du
20 sentiment ou de la passion»[1].

Le problème de la langue provençale – ayant rendu Mistral célèbre – est qu'elle est une langue de tradition qui n'évolue plus. Elle suffit à exprimer, décrire, chanter des existences simples. Les poèmes de Mistral abondent en descriptions, sont pleins de détails exquis, décrivent une Provence rustique,
25 radieuse. La tentation est grande de considérer son œuvre comme quelque chose de pittoresque, d'anecdotique, comme un musée, un cimetière de beauté, si l'on oublie que Mistral ne considérait pas la beauté comme un but mais comme un moyen de relever, de chanter un peuple. C'est ce qu'il a fait non seulement au moyen de la poésie, mais aussi de la prose. «La prose de
30 Mistral est une merveille de justesse et de pittoresque sobre; elle saisit sur le vif le langage même du peuple, le magnifie, en illustre les idiotismes et les

tournures propres. Il sait exprimer les élans et les aspirations, les tristesses et les joies de l'âme populaire»².

35 Il reste à faire la part entre l'oubli dans lequel a sombré Mistral et l'enthousiasme que lui ont manifesté les «Félibres». Mistral s'est enfermé dans un monde, le monde provençal, qui, tout en rendant son œuvre homogène, l'a restreinte. Jusqu'ici la poésie de Mistral a été étudiée en fonction de la race, du terroir, de la tradition catholique et provençale et de la splendeur qu'il a redonnée à la Provence. Mais ne serait-il pas temps de redonner à Mistral
40 toute sa valeur en tant que poète non seulement provençal mais français.

[1] Pierre Devoluy. «Mistral et la rédemption d'une langue»
[2] id.

Vocabulaire

10 **païen:** tout ce qui n'est pas chrétien – 14 **la batellerie:** ensemble des moyens de transports sur les fleuves, et ensemble des gens qui s'en occupe – 31 **l'idiotisme,** (m.): expression particulière à une langue – 34 **sombrer:** couler, être englouti dans l'eau, ici: tomber – 38 **le terroir:** terre et aussi habitudes du pays où l'on vit.

Exercices de vocabulaire et de grammaire

1. Complétez la liste suivante:
   créer   création   créateur
   ....   évocation   ....
   chanter   ....
   manifester   ....
   étudier   ....
2. Trouvez le substantif correspondant aux verbes:
   a) analyser – b) honorer – c) créer – d) évoluer – e) exprimer – f) décrire – g) abonder – h) illustrer
3. Transformez en syntagme nominal:
   a) L'amour est triomphant – le triomphe de l'amour
   b) la patrie est délivrée
   c) l'héroïne est passive
   d) le parler est harmonieux et doux
   e) l'accent a un caractère musical
   f) les existances simples
   g) le pittoresque sobre
4. Expliquez les expressions suivantes:
   a) L'âme de toute une race se reflète dans ses œuvres.
   b) Les poèmes abondent en descriptions.
   c) L'œuvre de Mistral est un cimetière de beauté.
   d) Il reste *à faire la part entre* l'oubli et l'enthousiasme.
   e) Le monde provençal *tout en rendant son œuvre homogène, l'a restreinte.*
   f) L'œuvre de Mistral a été étudiée *en fonction de la race,* du terroir, de la tradition catholique et provençale.

Questions

1. Quel est le rôle de la langue provençale dans l'œuvre de Mistral?
2. Expliquez pourquoi cette langue, qui l'a rendu célèbre, lui a imposé des limites.

NÎMES
TEMPLE DE DIANE.

3. Textes d'écrivains ayant chanté la Provence
Il faut être du pays pour le comprendre

Le Provençal, «gros rigolo», est également de pure invention. C'est au contraire, un homme renfermé et grave, même sévère qui ne livre jamais ni son bon, ni son mauvais côté. Il ne cherche pas, d'ailleurs, à se faire comprendre; il n'insiste pas; ce n'est pas pour le public qu'il est subtil, c'est pour lui-même. Il est d'une vivacité d'esprit surprenante. Hâbleur? Il faut distinguer. Où l'on se trompe, c'est qu'on croit que la Provence est une terre promise;

c'est une terre pauvre à l'extrême dans les trois quarts de sa surperficie. Il faut inventer ce qui n'y est pas. Ils sont gens d'imagination. Ce n'est pas pour vous qu'ils mentent, c'est pour eux. Ils ne cherchent pas à vous persuader, mais à se persuader eux-mêmes.

Des troupeaux magnifiques, personne n'en a eu de plus beaux que les pauvres bergers qui n'ont jamais possédé plus de trois brebis. Mais ce n'est pas pour vous le faire croire qu'ils les inventent: c'est pour se rassurer. Le fanfaron de geste et de parole n'existe pas. L'homme qui parle avec ses mains n'existe pas. Le comique méridional n'existe qu'au théâtre et au cinéma. Il existe désormais des gens qui, l'ayant vu au théâtre ou au cinéma, l'imitent comme la petite bonniche qui singe une star, mais on ne les trouve que dans les grands centres, sur la côte et, neuf fois sur dix, ils ne sont pas Provençaux d'origine, car, la Côte d'Azur, Marseille, Saint-Tropez, Cannes, sont peuplées de beaucoup plus d'étrangers que d'indigènes. Ces fausses attitudes sont le fait de caractères que le pays n'a pas formés. Les revendeuses du Cours Julien à Marseille ou ces dames de la halle aux poissons ne jouent leur rôle que devant l'«étranger», qu'elles reconnaissent à coup sûr. Mais, si elles ont affaire à quelqu'un de leur race, elles auraient honte de s'exprimer «comme au théâtre». Les gens d'ici sont graves, secrets, très timides. Secrets surtout; pour tout dire: fermés, capables de silences qui durent vingt ans. Il est amateur de siestes. Il passe pour paresseux. En réalité, il défriche à la bêche autant de terre qu'un homme peut en défricher «sans se rendre esclave». C'est un admirable savant en «mesure humaine». Il n'est le jouet d'aucun dieu.

Jean Giono: extrait de «Provence».
Collection «Les Albums des Guides Bleus»,
Hachette, Paris, 1954.

Vocabulaire

2 **le rigolo**: personne plaisante et amusante – 6 **hâbleur**: qui aime à se vanter – 14 **le fanfaron**: quelqu'un qui fait semblant d'avoir du courage mais qui n'en a pas. Ici: quelqu'un qui se vante de quelque chose qu'il n'a pas – 18 **la bonniche**: petite bonne – 18 **singer**: imiter – 29 **la bêche**: instrument de jardinage pour retourner la terre, genre de pelle.

Exercices de vocabulaire et de grammaire

1. Continuez la liste:

pur	pureté
grave	....
sévère	....
bon	....
subtil	....
pauvre	....
timide	....

paresseux ....
.... honte
2. Commencez la phrase suivante: «Il faut inventer ce qui n'est pas» par:
   a) Demain, ...
   b) Souvent ...
   c) Hier, ...
   d) Il se peut que ...
   e) Crois-tu que ...
   f) Si cela était nécessaire ...
3. Remplacez par un pronom personnel ou adverbial les expressions soulignées:
   a) Il ne livre ni son bon, ni son mauvais *côté*.
   b) Il faut inventer *ce qui n'y est pas*.
   c) Les pauvres bergers n'ont jamais possédé plus de trois *brebis*.
   d) Il existe des gens, qui l'ayant vu *au théâtre,* l'imitent.
   e) Elles ne jouent leur rôle que devant *l'étranger*.
   f) Mais, si elles ont affaire à quelqu'un de leur *race,* elles auraient honte *de s'exprimer comme au théâtre*.
   g) Il est amateur *de siestes*.
   h) Il n'est le jouet d'aucun *dieu*.
4. Expliquez:
   a) pauvre *à l'extrême*
   b) une bonniche *qui singe une star*
   c) les indigènes
   d) Il défriche autant de terre qu'un homme peut en défricher *sans se rendre esclave*.
   e) Il n'est le jouet d'aucun dieu.

Questions

1. Décrivez les différents procédés qui mènent à la formation de préjugés.
2. Comparez vos résultats avec le point de vue de Jean Giono dans le texte.
3. Que veut dire l'auteur dans son titre: «il faut être du pays pour le comprendre»?
4. Est-ce qu'un touriste peut arriver à connaître vraiment la nature du Provençal?
5. Quelle est l'image qu'un touriste se fait du Provençal? En quoi diffère-t-elle de la réalité?

Orage en Provence

Ce paysage, que j'avais toujours vu trembler sous le soleil, dans l'air dansant des chaudes journées, était maintenant figé, comme une immense crèche de carton. Des nuages violets passaient sur nos têtes, et la lumière bleuâtre
5 baissait de minute en minute, comme celle d'une lampe qui meurt.
   Je n'avais pas peur, mais je sentais une inquiétude étrange, une angoisse profonde, animale. Les parfums de la colline – et surtout celui des lavandes – étaient devenus des odeurs, et montaient du sol presque visibles. Plusieurs lapins passèrent aussi pressés que devant les chiens, puis des perdrix gran-
10 des ouvertes, surgirent sans bruit du vallon, et se posèrent à trente pas sur notre gauche.

Alors, dans le silence solennel des collines, les pins immobiles se mirent à chanter. C'était un murmure lointain, une rumeur trop faible pour inquiéter les échos, mais frissonnante, continue, magique. Devant moi, sur le rocher gris, les premières gouttes tombèrent. Très écartées les unes des autres, elles éclataient en taches violettes, aussi grandes que des pièces de deux sous. Puis elles se rapprochèrent dans l'espace et dans le temps, et la roche brilla comme un trottoir mouillé.

Enfin, tout à coup, un éclair rapide, suivi d'un coup de foudre sec et vibrant, creva les nuages qui s'effondrèrent sur la garrigue dans un immense crépitement. La pluie verticale cachait maintenant le paysage dont il ne restait qu'un demi-cercle, fermé par un rideau de perles blanches. De temps en temps, un éclair si rapide qu'il paraissait immobile, illuminait le plafond noir, et de noires silhouettes d'arbres traversaient le rideau de verre; il faisait froid.

Marcel Pagnol: «Le château de ma Mère»
Le Livre de Poche, Paris.

Vocabulaire

3 **la crèche:** mangeoire pour les bêtes où fut déposé Jésus à sa naissance. Ici: allusion à la représentation de cette scène lors des fêtes de Noël – 9 **la perdrix:** oiseau très recherché comme gibier à la chasse – 20 **crever:** faire éclater – 20 **le crépitement:** bruit sec du feu.

Exercices de vocabulaire et de grammaire

1. Nominalisation à base adjectivale:
   a) Les journées sont chaudes – la chaleur des journées.
   b) une inquiétude étrange
   c) le silence solennel
   d) les pins immobiles
   e) La rumeur est faible.
   f) un éclair rapide
   g) les perles blanches
   h) le plafond noir
2. Expliquez: a) Les parfums étaient devenus des odeurs.
   b) les perdrix grandes ouvertes.

Questions

1. Classez le vocabulaire du texte en champs sémantiques d'après les couleurs, les odeurs, les bruits, le mouvement.
2. Par quels procédés l'auteur montre-t-il la soudaineté de l'orage?

Mirèio (Mireille)

Le texte original est en vers et écrit dans un dialecte provençal. Dans la traduction en français, nous avons choisi quelques extraits qui rendent bien l'ambiance des poèmes de Mistral.

Je chante une jeune fille de Provence. - Dans les amours de sa jeunesse, - à travers la Crau, vers la mer, dans les blés, - humble écolier du grand Homère, - je veux la suivre. Comme c'était - seulement une fille de la glèbe, - en dehors de la Crau il s'en est peu parlé.

Au bord du Rhône, entre les peupliers - et les saulaies de la rive, - dans une pauvre maisonnette rongée par l'eau, un vannier demeurait, - qui, avec son fils, passait ensuite - de ferme en ferme, et raccommodait - les corbeilles rompues et les paniers troués.

Devant le Mas des Micocoules, - ainsi Vincent faisait le déploiement - des choses qu'il savait: l'incarnat venait à ses joues, - et son œil noir jetait des flammes. - Ce qu'il disait, il le gesticulait, - et sa parole coulait abondante - comme une ondée subite sur un regain de mai.

Les grillons, chantant dans les mottes, - plus d'une fois se turent pour écouter; - souvent les rossignols, souvent l'oiseau de nuit - dans le bois firent silence; - et impressionnée au fond de l'âme, - elle, assise sur la ramée, - jusqu'à la première aube n'aurait pas fermé l'œil.

Elle met son tablier; sur le sein, - de son fichu de mousseline - elle se croise à petits plis le virginal tissu. - Mais son chapeau de Provençale, - son petit chapeau à grandes ailes - pour défendre des mortelles chaleurs, - elle oublia, par malheur, de s'en couvrir la tête...

Les cheveux luisants de rosée, - L'Aurore, cependant, de la montagne - se voyait peu à peu dans la plaine; - et des alouettes huppées - la volée chanteuse la salue; - et de l'Alpille caverneuse - il semblait qu'au soleil se mouvaient les sommets.

Dieu ouvre la main; et le Mistral, - avec la Foudre et l'Ouragan, - de sa main, comme des aigles, sont partis tous trois; - de la mer profonde, et de ses ravins, - et de ses abîmes, ils vont, avides, - épierrer le lit de marbre; - et ensuite s'élevant comme un lourd brouillard.

L'Aquilon, la Foudre et l'Ouragan, - d'un vaste couvercle de poudingue assomment là les colosses... La Crau, - la Crau ouverte aux douze vents, - la Crau muette, la Crau déserte, - a conservé l'horrible couverture... - De plus en plus, Mireille, du terroir paternel s'éloignait. Les rayonnances - et l'éjaculation ardente du soleil attisaient dans l'air un luisant tremblement; - et des cigales de la lande, - que grillait l'herbe chaude, - les petites cymbales folles - répétaient sans fin leur long claquettement.

Tartarin de Tarascon serait-il un imposteur?

Non! mille fois non! Tartarin n'était pas un imposteur.... Seulement, écoutez bien ceci. Il est temps de s'entendre une fois pour toutes sur cette réputation de menteurs que les gens du Nord ont faite aux Méridionaux. Il

n'y a pas de menteurs dans le Midi, pas plus à Marseille qu'à Nîmes, qu'à Toulouse, qu'à Tarascon.
L'homme du Midi ne ment pas, il se trompe. Il ne dit pas toujours la vérité, mais il croit la dire. ... Son mensonge à lui, ce n'est pas du mensonge, c'est une espèce de mirage. ...
Oui, du mirage! ... Et pour bien me comprendre, allez-vous-en dans le Midi, et vous verrez. Vous verrez ce diable de pays où le soleil transfigure tout, et fait tout plus grand que nature. Vous verrez ces petites collines de Provence pas plus hautes que la butte Montmartre et qui vous paraîtront gigantesques, vous verrez la Maison carrée à Nîmes- un petit bijou d'étagère-qui vous semblera aussi grande que Notre-Dame. Vous verrez. ... Ah! le seul menteur du Midi, s'il y en a un, c'est le soleil. ... Tout ce qu'il touche, il l'exagère! ... Qu'est-ce que c'était que Sparte au temps de sa splendeur? Une bourgade. ... Qu'est-ce que c'était qu'Athènes? Tout au plus une sous-préfecture. ... et pourtant, dans l'histoire, elles nous apparaissent comme des villes énormes. Voilà ce que le soleil en a fait. ... - Vous étonnerez-vous après cela que le même soleil, tombant sur Tarascon, ait pu faire d'un ancien capitaine d'habillement comme Bravida, le brave commandant Bravida, d'un navet un baobab, et d'un homme qui avait failli aller à Shanghai un homme qui y était allé?

Aventures prodigieuses de Tartarin de Tarascon
Alphonse Daudet

Vocabulaire

2 **l'imposteur:** homme qui trompe par des mensonges – 23 **le navet:** légume pour la soupe de couleur blanche et violette – 23 **un baobab:** arbre immense d'Afrique et d'Australie.

Exercices de vocabulaire et de grammaire

1. Transformez la proposition infinitive par une subordonnée introduite par *que:*
   a) Il est temps de s'entendre une fois pour toutes.
   b) Pour bien me comprendre, allez vous-en dans le midi.
   c) Il croit la dire.
2. Commencez la phrase: «Il ne dit pas toujours la vérité mais il croit la dire» par:
   a) Je pense que ...   mais que ...
   b) Il se peut que ...   mais que ...
   c) Il me semble que ...   mais que ...
   d) Peut-être que ...   mais que ...
   e) Penses-tu que ...   mais que ...
   f) Désormais ...   mais que ...
   g) Hier ...   mais que ...
   h) Si tu lui demandais si ... mais si ...
   i) Je suis d'avis que ...   mais que ...
3. Trouvez un antonyme pour:
   a) la vérité – b) gigantesque – c) exagérer – d) ancien.

Questions

1. Faites une étude comparative du texte de Daudet et de celui de Giono. Analysez respectivement l'image du Provençal donnée par ces deux auteurs.
2. Essayez de vous imaginer les raisons qui amènent les gens du Nord à avoir une telle image des gens du Midi.
3. Le texte est un texte à fonction appellative. Cherchez les preuves de cette affirmation. Analysez pour cela la structure du texte, les procédés de style et le vocabulaire.

V. Folklore en France

1. Les Tsiganes aux Saintes-Maries-de-la-Mer

Introduction

Autrefois, à plus d'une semaine du 24 mai, date de l'illustre pèlerinage des Tsiganes aux Saintes-Maries-de-la-Mer, de nombreux cortèges des Fils du Vent s'étiraient sur la route qui mène d'Arles en Camargue. Mais il faut bien avouer qu'aujourd'hui, les véhicules automobiles en tous genres y estompent totalement les vieilles roulottes du chaudronnier et du rempailleur.

Venus des quatre coins de l'Europe, Gitans, Man-Ouches et Tsiganes s'y réunissaient pour célébrer le souvenir des saintes et particulièrement pour vénérer leur vierge noire, Sara. Seulement, le 20e siècle qui est un siècle de frontières et de guerres entre les peuples a largement contribué de par ses idéologies dominantes à isoler et à disperser les Tsiganes en Europe, voire même à en anéantir physiquement un grand nombre. Par conséquent, ils deviennent de moins en moins nombreux à venir au rendez-vous du 24 mai. Actuellement, le rassemblement aux Saintes-Maries ne réunit plus que quelques milliers de «Caraques» en provenance de Tarbes, Perpignan, Marseille et Lyon qui, avec quelques familles man-ouches témoignent encore de la solidarité tsigane et sa diversité d'expression malgré tous les essais de récupération par les gadjé (= les non-Tsiganes). Chaque année, une véritable invasion de touristes curieux, de hippies et de journalistes transforme cette fête en une foire folklorique dénaturant ainsi l'aspect religieux.

La fête

Pour un peuple apatride, chez qui la notion même de patrie n'existe pas et qui n'a pour territoire que celui des autres, . . . la notion de fête est essentielle.

Fête collective, s'entend. Qui a les avantages de réunir un grand nombre de gens qui, sans elle, ne se verraient que par accident ou hasard, de renouveler l'échange de cœur et de sang, de cimenter les traditions, d'affirmer la survie du groupe, d'assurer l'exclusivité du clan, de transmettre les nouvelles et les injonctions, d'appréhender ensemble les problèmes que leur pose une sédentarisation voulue par une société qui n'est pas la leur. . .

Chez tous les nomades, la fête collective est d'abord lieu de rassemblement et d'échange, comme l'était la foire chez les sédentaires. Lieu de marché aussi, mais à long terme: les renseignements donnés n'étant utilisés qu'après la fête. Dans le cadre de celle-ci intervient d'abord, et presque exclusivement, la notion bien connue aujourd'hui de «dépense». Plus une population errante est pauvre, plus elle a besoin, à des dates fixes, de sacrifier une partie de ses (maigres) richesses pour se donner l'air justement d'être riche ... L'argent est un moyen, pas une fin. Etre riche, c'est bien vivre. Ou vivre mieux. L'argent n'est pas propriété personnelle, mais bien acquis par et pour la communauté. Il est gagné selon les dons de chacun mais immédiatement réuni au profit de la famille et réparti selon les besoins ... Un Tsigane ne vaut que par ce qu'il donne, non par ce qu'il reçoit. Tout l'argent amassé pendant des mois à vendre des paniers ou à ramasser les raisins s'en va en repas, consommations, festins ... offerts et partagés. Qu'importe s'il repart les mains vides. Demain, il sera temps de trouver à manger. Aujourd'hui, c'est la fête...

A l'origine de cette fête tsigane aux Saintes-Maries, il y a un pèlerinage religieux et le culte rendu à Sara, considérée par les Tsiganes comme leur sainte patronne.

Les origines de cette fête, ..., sont assez troubles. Historiquement, le pèlerinage commence en 1448, date à laquelle le roi René ordonna des fouilles en ce lieu qui mirent au jour les dépouilles présumées des trois saintes Maries: Madeleine, Jacobé et Salomé, qui selon la tradition chrétienne avaient été chassées de Palestine et avaient dérivé sans ressources sur un radeau jusqu'au rivage de Camargue... Selon l'Eglise, qui organisa immédiatement un pèlerinage florissant, les saintes avaient à leur service une nommée Sara, au teint foncé, qui s'en alla quêter pour ses maîtresses à travers tout le pays...

Les Tsiganes étaient présents en Arles dès 1438, dix ans plus tôt. Selon leur propre tradition, Sara aurait été l'une des leurs, vivant avec sa tribu sur la plage de Camargue, et elle aurait sauvé les saintes femmes du naufrage, les aurait recueillies et aidé à survivre. Son teint foncé, son nom (dont la racine évoque sarrasin, Saragosse, la Sara de la Kabbale, c'est-à-dire la «veuve en exil»), sa façon de vivre (mendiant sur les chemins) poussèrent probablement les Tsiganes présents à la reconnaître pour patronne. Ils la nommèrent Sara Kali, c'est-à-dire la Noire. Sans doute s'agit-il de l'avatar d'une de ces nombreuses Vierges Noires que le christianisme a récupérées et métamorphosées en Maries. En tout cas, dès le XVe siècle, les Tsiganes rendirent chaque année, autour du 24 mai, un culte dévot à leur Sara, lors même du pèlerinage catholique.

Mais le cérémonial tsigane est tout à fait distinct de celui des catholiques. Sara, d'abord qui n'avait pas droit de séjour dans la nef, était reléguée dans la crypte, lieu non consacré, ... Celle-ci, régulièrement inondée par les infiltrations, contenait un autel taurobolique, c'est-à-dire consacré au culte solaire de Mithra, et un autel paléochrétien du IIIe siècle. Une statue de Sara, y fut placée auprès de ces monuments antiques...

Jusqu'en 1912, seuls les Tsiganes avaient accès à la crypte lors du pèlerinage. Ils y passaient une nuit entière, à la lueur des cierges et les pieds dans l'eau... (pour) s'imprégner de la présence de Sara, tout à fait comme dans les tem-

ples des Indes où l'on voit les pèlerins passer la nuit en attente, veillant ou dormant même sous la protection du dieu.
Un rite spécial cependant s'attache au culte de Sara. C'est celui de l'attouchement et de la suspension des vêtements. Les femmes surtout caressent respectueusement le visage de leur patronne, baisent le bord de sa robe et suspendent à son cou, à ses bras, des fragments de vêtements, les plus divers... Il s'agit de vêtements appartenant à des malades, à des parents éloignés dont on est sans nouvelles, à de jeunes enfants...
Cet attouchement est en réalité un frottement rituel, comme on en fait mention dans nombre de civilisations traditionnelles, frottement destiné à faire passer un certain courant bénéfique entre le bois de la statue et le corps du pèlerin...
Une nuit passée dans cette crypte avait quelque chose d'étrange. L'ambiance, la lumière éclaboussante de centaines de cierges brûlant et s'incendiant les uns les autres quand ils tombaient en grappes dans l'eau ruisselant sur le sol, la présence fantomatique des silhouettes immobiles, ..., l'oppression carcérale de la voûte de pierre contribuaient, jusque ces dernières années, à rendre l'atmosphère quelque peu irréelle.
Malheureusement, l'Eglise s'efforce d'année en année de minimiser le culte rendu par les Tsiganes à Sara et de le déplacer sur la personne des trois saintes catholiques. Un jour viendra où la crypte elle-même sera interdite au cérémonial nocturne et aux manifestations jugées non conformes à l'orthodoxie ecclésiastique.
Le rituel chtonien de la crypte est en effet le seul qui soit typiquement tsigane. La fameuse «descente des châsses», qui consiste à faire lentement descendre le coffre contenant les reliques des saintes, depuis la voûte de l'église jusqu'à leur socle au centre de la nef, fait partie du rituel catholique... De même, la procession et l'immersion des reliques dans la mer ne sont pas des manifestations proprement tsiganes. On ignore la date à laquelle les Tsiganes ont commencé à participer à cette cérémonie. Les textes anciens... sur le culte rendu à Sara dans la crypte des Saintes-Maries et au cours de la procession ne font pas état de la présence de «bohémiens» ou de «caraques».

Texte extrait de: Tsiganes et Gitans
par J.-P. Clébert, © Editions du Chêne, Paris, 1974

Vocabulaire

4 **le cortège:** suite de personnes qui défilent – 5 **s'étirer:** s'allonger – 7 **la roulotte:** voiture ou remorque qui sert de logement aux nomades – 7 **le chaudronnier:** personne qui fabrique et vend des objets en tôle ou en cuivre – 7 **le rempailleur:** personne qui répare les sièges en paille. – 13 **anéantir:** détruire entièrement – 23 **apatride:** qui n'a pas de patrie – 30 **l'injonction:** ordre précis – 30 **la sédentarisation:** le fait de se fixer quelque part, d'abandonner la vie de nomade – 53 **les dépouilles:** corps de l'homme après la

mort – 55 **dériver:** s'écarter de sa direction – 66 **l'avatar,** (m.)): la mésaventure – 67 **récupérer:** chercher à faire tourner à son profit – 82 **l'attouchement:** action de toucher avec la main – 93 **éclaboussant:** rejaillissant sur – 94 **la grappe:** assemblage de grains qui pend – 95 **carcéral:** qui a le caractère d'une prison – 104 **la châsse:** coffre qui renferme les reliques d'un saint.

Exercices de vocabulaire et de grammaire

1. D'après l'exemple suivant, trouvez les verbes qui correspondent à la définition:
dé-naturer = priver de nature
dé . . . . . = changer de place
dé . . . . . = couper les bois
dé . . . . . = retirer un bouchon
dé . . . . . = trancher la tête
dé . . . . . = donner libre cours à
dé . . . . . = altérer la forme de
dé . . . . . = défaire un nœud
2. Formez des syntagmes nominaux:
a) Ils s'y réunissaient pour *célébrer* le souvenir des saints.
b) Le 20e siècle a largement contribué à *disperser* et à *isoler* les tsiganes et à *anéantir* physiquement un grand nombre.
c) L'avantage de *réunir* un grand nombre de gens, de *renouveler* l'échange de cœur et de sang, d'*affirmer* la survie du groupe, de *transmettre* les nouvelles, d'*appréhender* les problèmes.
3. Expliquez l'emploi des temps ou modes dans les phrases:
a) Qui ne se verraient que par accident.
b) Sara aurait été l'une des leurs.
c) C'est le seul qui soit typiquement tsigane.
4. Expliquez les mots suivants:
a) Les véhicules en tous genres *estompent* les vieilles roulottes.
b) les dépouilles *présumées* des trois saintes
c) un courant *bénéfique*
d) la présence *fantomatique* des silhouettes
e) *l'immersion* des reliques

Questions

1. Expliquez pourquoi le rassemblement des Saintes est important pour les tsiganes.
2. Expliquez la position du tsigane vis-à-vis de l'argent.
3. Quelles sont les raisons pour lesquelles les tsiganes ont fait de Sara leur patronne?
4. Essayez, en vous basant sur le texte d'imaginer et de décrire le déroulement de la fête aux Saintes.
5. L'auteur parle d'essais de récupération par le gadjé (touristes, presse, église . . .). Expliquez pourquoi et comment cela se produit.
6. Expliquez les raisons pour lesquelles les tsiganes rejettent la tentative de récupération de cette fête par l'église catholique officielle.
7. Quel sens les tsiganes donnent-ils à la fête?
8. Quelle est l'image traditionnelle que les «gadjés» se font des tsiganes?
9. De quelle façon la manière dont nous nous comportons vis-à-vis des tsiganes nous permet de confirmer nos préjugés?

2. La Provence – la fête des sens

La Provence, c'est tout le pays des odeurs: du laurier, du thym ou de la frigoulette, chantée par A. Daudet. Mais aussi du buis, des cyprès, de l'ail cru dans toutes les salades, frit dans toutes les préparations culinaires dites «à la
5 provençale» ou délicatement incorporé aux sauces chantantes que sont la rouille et l'aïoli; des olives et de son huile, de toutes les herbes – de l'anis, du fenouil, de la menthe, de la sauge, de la sariette, du basilic; des plats au four;

SAINT-RÉMY
MAUSOLEE DES JULIERS.

des farcis; des poissons, des viandes ou des escargots grillés; de la fameuse bouillabaisse qui a fait la renommée mondiale de Marseille; des fritures et surtout des beignets, tout dorés, tant adorés des enfants et même des plus grands; du pastis enfin, orgueil de la Provence, qui n'a pas fait oublier la divine absinthe aussi difficile à trouver aujourd'hui que la drogue. Il y a aussi les fleurs, leurs extraits, et Grasse, la capitale mondiale du parfum. Les champs de lavande des Alpilles dégagent une des plus fines odeurs de notre nature. Le plaisir de l'odorat est toujours doublé en Provence d'une fête des yeux.

Les champs de lavande bleu-violet, ondulants sous le vent du Mont Ventoux; le plaisir des yeux suit le rythme des jeux d'ombre et de lumière d'un soleil à l'éclat proverbial; le mariage des couleurs, du ciel et de la mer franchement bleus qui voisinent avec des terres aux tons variant de l'ocre au rouille; les teintes irisées des poissons; l'aspect triomphant des fruits et des légumes aux peaux brillantes de bonne santé et de bonne saveur.

A cette fête des sens participent les bruits; celui du vent murmurant tout au long des cyprès; celui des vents montant à l'assaut des garrigues et des maquis; celui des mots qui changent de pays en pays; celui des voix, dont on dit que celle des méridionaux chantent, parce qu'elles parlent comme le soleil; celui de l'accent. Le quatrième sens gastronomique, le goût, n'est pas exclu. Les vrais aromates – pas les herbes de la Provence parisienne, insipides et non provençales – donnent à tous ses plats un fumet sans doute unique dans notre gastronomie. Le mariage de l'ail – cette truffe de Provence – qui enrichit de son goût puissant et de son parfum tous les plats, avec le basilic, la sauge, le fenouil et la menthe type les préparations provençales. Fête des yeux, des odeurs, de l'ouïe et des saveurs, fête de tous les sens. . . . Le soleil et la mer, l'anisette et le vin rosé, le mistral et les pinèdes, l'aïoli et la bouillabaisse, cet indiscible mélange qui flatte tous les sens, l'air, l'atmosphère; la nature à elle seule en Provence conduit à la fête des cœurs.

extrait de l'article de Bernard Le Roy
«Le Matin», du 17. 8. 1979

Vocabulaire

2 **la frigoulette**: plante aromatique provençale – 3 **le buis**: dt. Buchsbaum – 6 **la rouille**: sauce provençale – 7 **la sauge**: dt. Salbei – 7 **la sarriette**: plante aromatique – 8 **le farci**: poisson, volaille ou légume rempli d'un hachis d'herbes ou de viande – 10 **le beignet**: pâtisserie cuite dans l'huile – 20 **irisé**: qui a les couleurs de l'arc-en-ciel – 24 **le maquis**: forme de végétation typique aux régions méditerranéennes – 27 **insipide**: qui n'a aucun goût – 28 **le fumet**: l'odeur agréable d'un plat – 32 **l'ouïe**: sens permettant d'entendre – 34 **indiscible**: inexprimable.

Exercice de vocabulaire et de grammaire

Introduisez, dans les phrases suivantes, «tout» à la forme voulue:
a) La Provence, c'est . . . . . . le pays des odeurs.
b) La Provence, c'est le pays de . . . . . . les odeurs.

c) Les beignets . . . . . . dorés.
d) Il y a aussi . . . . . . les fleurs.
e) Les champs de lavande . . . . . . bleu-violet.
f) Les teintes . . . . . . irisées des poissons.
g) Les herbes typent . . . . . . les préparations.
h) La nature, à elle . . . . . . seule, conduit à la fête des sens.

Questions
1. De combien de parties se compose le texte?
2. Relevez les différentes odeurs citées par l'auteur.
3. Quelles sont les couleurs propres à la Provence?
4. L'auteur cite quelques bruits évoquant la Provence. Quels sont-ils?
5. Qu'est-ce qui contribue à donner à la Provence et à tout ce qui est provençal un goût spécial?

3. Le divertissement populaire: la pétanque

Les boules sont à la Provence ce que le pastis est au soleil; un complément indispensable, un élément-clé du décor. Dans le moindre village, dans le plus petit hameau, les hommes se retrouvent, «à la fraîche», pour disputer
5 d'interminables parties. Le concours annuel du journal «Le Provençal», c'est un peu les jeux olympiques des boules. La finale. . . . Sur le petit stade spécialement construit, 10 000 Marseillais attendaient, en plein soleil, 4 heures durant, sans un frémissement. Six hommes se livraient un duel formidable: on dit des boules, qu'on ne sait si, pour vaincre, il faut être jeune, cos-
10 taud ou s'il ne faut que de la chance. Une heure de jeu, qu'est-ce que c'est? Autant dire rien. Avec ses rites et sa liturgie, une partie de boules peut durer un jour. Les spectateurs sourient, attendent. Sur le carré de terre, écrasé de soleil, les six hommes ont les gestes retenus de l'extrême concentration: ils observent, ils supputent, ils détaillent. Interminables palabres. Aux boules,
15 les actions de jeu sont brèves, mais leur préparation tient de la science exacte. Plus rien n'est laissé au hasard. Il faut étudier le terrain, sa nature, sa courbure, la trajectoire supposée de la boule. Il faut ramasser les cailloux, il faut calculer la distance et mesurer sa force. Les hommes font d'interminables aller et retour, à petits pas comptés, à petits pas tranquilles. Autour d'eux,
20 dans le stade où les gens se tiennent serrés au coude à coude, c'est un silence de cathédrale. Pendant quatre heures, les spectateurs fascinés vont retenir leur souffle. L'univers entier semble réduit à ce petit bouchon que six hommes regardent.

Une partie de boules, ça semble inscrit dans l'éternité. Une science exacte?
25 Il y a comme un défi dans cette boule aux caprices soudains. Il y a toujours le petit caillou oublié, l'impulsion excessive, l'erreur de jugement. Le coup le mieux préparé peut s'achever dans un désastre.

Vocabulaire

9 **costaud:** (fam.) fort, robuste – 14 **supputer:** calculer – 16 **la courbure:** état d'une chose concave ou convexe – 17 **la trajectoire:** chemin parcouru par un projectile.

Exercices de vocabulaire et de grammaire

1. Formez l'adverbe d'après l'adjectif:
   a) petit – b) annuel – c) plein – d) formidable – e) extrême – f) bref – g) entier – h) exact – i) soudain – j) excessif.
2. Trouvez le substantif correspondant aux verbes:
   a) se retrouver – b) disputer – c) attendre – d) durer – e) observer – f) détailler – g) supposer – h) ramasser – i) fasciner – j) réduire – k) inscrire – l) oublier – m) achever.
3. Trouvez un synonyme pour les mots suivants:
   a) élément-clé – b) à la fraîche – c) d'interminables (parties) – d) spécialement (construit) – e) (4 heures) durant – f) (s'il) ne (faut) que (de la chance)
4. Trouvez l'adjectif correspondant:
   a) année – b) jour – c) mois – d) semaine
5. Expliquez:
   a) serrés au coude à coude – b) à petits pas comptés – c) silence de cathédrale – d) ils vont retenir leur souffle
6. Expliquez la différence qui existe entre:
   a) décor et coulisse – b) duel et duo – c) action et acte – d) hasard et destin

Questions

1. Expliquez les règles qui régissent le jeu de pétanque (vous pouvez vous référer au guide Michelin).
2. Décrivez l'ambiance qui règne lors d'un concours de pétanque.
3. Relevez les comparaisons dont se sert l'auteur et expliquez en la signification.
4. Quelle image nouvelle du Provençal ce texte nous fournit-il?
5. Pourquoi cette partie de pétanque serait-elle inconcevable dans le Nord de la France?

VI. Epoque actuelle
1. Problèmes contemporains

Le dernier quart de siècle a incontestablement confirmé la Provence dans son rôle de haut-lieu de la civilisation des loisirs et de terre de haute culture. Ses attraits n'ont cessé de s'accroître et surtout de se diversifier: nouveaux
5 sites archéologiques sur terre (ruines grecques de Saint Blaise, au sud d'Istres; ruines romaines de Glanum près de Saint-Rémy) et apparition de l'archéologie sous-marine; nouveaux musées (Antibes et Vallauris, Biot et Saint Paul); vogue de «festivals» enfin: on en connaît la prolifération actuelle et la Provence, riches en ruines de châteaux et en toutes sortes de mécé-
10 nats, n'y échappe pas, mais il est hors de doute que ceux d'Avignon, pour l'art dramatique, et d'Aix, pour la musique, soient aux tous premiers rangs par leur date de création, par leur qualité et par leur succès.

Même diversification dans l'attrait sportif: les Basses-Alpes se sont équipées pour le ski depuis 1936, de même que, plus récemment, le Vaucluse (Mont
15 Ventoux). C'est aujourd'hui la navigation à voile qui bénéficie d'un succès et d'un effort comparables.

Mais les changements dans l'ordre quantitatif sont plus frappants encore. Le tourisme est devenu massif, grâce d'abord aux lois de 1936, grâce ensuite à la prospérité des années 1950; il a submergé une industrie hôtelière dépas-
20 sée, et se coule dans les formes modernes du «camping» et «caravaning». Nul n'ignore que le surpeuplement saisonnier du littoral provençal pose chaque année des problèmes sociaux, économiques, voire psychologiques, qui ne sont pas à négliger.

La Provence intérieure en profite sans doute un peu. Des Maures, collines
25 encore presque littorales, au Lubéron, au Ventoux et aux Alpes, les vieux villages perchés sont «découverts» par les promeneurs et forment bientôt – pour les plus riches d'entre eux – des nids de résidences secondaires, d'ateliers de «métiers d'art» et de boutiques d'antiquités. D'étranges amalgames se créent ainsi entre l'univers gionesque et celui de tous les «beaux quar-
30 tiers».

Cette «aliénation» – si c'en est une – n'est pas la seule. Depuis quelques années les solitudes ou quasi-solitudes de la Haute-Provence, refuge des derniers éleveurs de moutons, inépuisable terrain pour chasseurs, enchantement pour le tourisme qui découvrait leur austère et fascinante beauté en
35 allant visiter le canyon du Verdon – tout cela paraît avoir acquis vocation militaire: ainsi s'installent les silos pour «missiles» sur le plateau d'Albion (à l'est du Vaucluse) et d'immenses champs de tir et de manœuvre sur le plateau de Canjuers (au nord du Var).

Cette utilisation du pays (ici comme caserne et là comme parc d'attractions)
40 par des puissances venues d'ailleurs est l'un des arguments mi-partis mo-

raux et économiques utilisés par la propagande occitaniste, qui vient d'apparaître en Provence. Elle y rencontre cependant moins d'échos que dans le Languedoc voisin, et l'on voit bien des raisons à cela: nettement imprégné de conservatisme et de religion, le félibrige provençal est moins préparé que l'occitanisme languedocien à se muer en revendication populaire et socialisante; surtout peut-être la Provence, terre d'accueil, terre d'immigration (et non d'émigration), ne comprend plus aujourd'hui (à la différence de la Bretagne et du Languedoc) qu'une assez faible part d'habitants pour qui la revendication du passé et de la langue ancestrale ait un sens. C'est pourquoi son mécontentement semble devoir susciter un régionalisme empirique plutôt qu'historique. L'avenir dira la valeur de cette hypothèse.

© Presses Universitaires de France
Collection «Que sais-je» N° 149, Paris
Histoire de la Provence

Vocabulaire

2 **incontestable**: ce que l'on ne peut mettre en doute – 8 **la prolifération**: la multiplication – 9 **le mécénat**: protection accordée aux lettres, aux sciences et aux beaux-arts – 37 **le champ de tir**: terrain utilisé par l'armée pour s'entraîner aux armes à feu – 49 **ancestral**: qui a appartenu aux personnes dont nous descendons.

Exercices de vocabulaire et de grammaire

1. Transformez en syntagmes nominaux:
   a) La Provence a été confirmée dans son rôle.
   b) Les attraits *n'ont cessé de s'accroître*.
   c) D'étranges amalgames *se créent* ainsi.
   d) Les silos pour missiles *s'installent*.
2. Trouvez un synonyme pour:
   a) incontestablement – b) s'accroître – c) la vogue – d) voire – e) se muer – f) susciter
3. Expliquez:
   a) Le tourisme est devenu massif.
   b) L'industrie hôtelière est dépassée.
   c) des nids de résidences secondaires
4. A l'aide du dictionnaire, expliquez:
   a) les échos d'un journal
   b) Il a raconté cela à tous les échos.
   c) Il s'est fait l'écho de certains commérages.
   d) Sa protestation est restée sans écho.
   e) Elle rencontre moins d'échos que dans le Languedoc.
5. Remplacez le verbe «être» dans les phrases suivantes par un verbe plus précis:
   a) Les festivals d'Avignon sont aux tous premiers rangs.
   b) Les changements dans l'ordre quantitatif sont plus frappants encore.
   c) qui ne sont pas à négliger
   d) si c'en est une
   e) Cette utilisation du pays . . . est l'un des arguments utilisé par la propagande occitaniste.

6. «de, du, des ou de la?»
   a) Les attraits . . . . Provence n'ont cessé de s'accroître.
   b) La prolifération . . . . festivals n'y échappe pas.
   c) Les Basses-Alpes sont une région . . . . . . ski.
   d) Le camping et le caravaning sont les formes modernes . . . . tourisme.
   e) La Haute-Provence est un terrain . . . . . chasse.
   f) Les échos . . . . propagande occitaniste sont moins forts en Provence que dans le Languedoc.

Questions

1. Quels sont les facteurs qui rendent la Provence aussi attrayante?
2. Quels sont les nouveaux attraits de la Provence et quelle en est l'importance pour la région?
3. Comment et pourquoi ces attraits ont-ils changé et quels sont les problèmes entraînés par ce changement?
4. Le tourisme connaît une extension qui a comme conséquence de graves problèmes. Expliquez en détail le «surpeuplement saisonnier».
5. De quelle manière la beauté de ce paysage, telle que des écrivains comme Giono la décrivent, se transforme-t-elle?
6. La Provence: un champ de tir. N'est-ce pas un paradoxe?
7. Comment les habitants de la Provence directement touchés par la destruction du paysage réagissent-ils?

Le Choc de deux civilisations

L'économie des régions de la France du Sud-Est avait une base rurale jusqu'au début du XXe siècle. L'agriculture était le secteur d'activité fondamental. Elle occupait le plus grand nombre d'hommes et alimentait les
5 échanges commerciaux.
  Aujourd'hui, le fait majeur dans les régions du Sud-Est est l'atténuation extrême et souvent la disparition des caractères méditerranéens des paysages ruraux: le paysage traditionnel est devenu relique et quelquefois ruine. En opposition, de nouveaux paysages surgissent qui n'ont de méditerranéen
10 que les apparences: quadrillage de canaux d'irrigation, haie de cyprès et de peupliers, mas et fermes dispersés dans un parcellaire géométrique. N'assiste-t-on pas à l'abandon de l'agriculture partout où elle n'est plus «rentable» au sens des économies industrielles modernes? La campagne méditerranéenne résistera-t-elle aux éclatantes victoires de la société de production et
15 de consommation engendrée par les progrès techniques?
  En 1976, ce sont les villes qui jouent le rôle primordial dans le développement économique et dans la vie sociale. La France du Sud-Est est certes une vieille terre de civilisation urbaine. Mais la ville n'avait de réalité que dans des relations intenses avec la campagne. Aujourd'hui la civilisation des ré-
20 gions méditerranéennes est mise en péril par l'urbanisation. Le phénomène se manifeste par la fuite vers les villes de populations agricoles des villages des «arrière-pays»[1]. Elle se traduit par l'arrivée de «touristes» en foules très

peu disciplinées, par la conquête du patrimoine foncier agricole par les citadins. Elle correspond à l'installation dans les quartiers historiques des villes
de milliers d'immigrés mal pris en charge par les réseaux traditionnels de solidarité. L'urbanisation, c'est aussi l'explosion du «tertiaire» dans le Midi français. Le «tertiaire» est en effet aujourd'hui le moteur du développement régional, non sans difficultés d'ordre économique et non sans crise sociale, puisque le chômage atteint des chiffres extrêmement élevés.

Depuis 25 ans, le Midi a profondément changé. La grande mutation a déferlé comme un «séisme». Ces régions sont fortement marquées par de profonds déséquilibres d'ordre spacial, économique et social. Elles ont un double visage: d'une part des terres saisies par la fièvre de la croissance et précipitées vers la civilisation de l'automobile, du loisir et des affaires; d'autre part des régions où se meurt la civilisation traditionnelle et peut-être avec elle ce qui faisait la sagesse du monde méditerranéen. L'évolution est-elle irréversible?

Maîtriser les modalités du bouleversement des paysages semble désormais être l'œuvre première des hommes de ces contrées.

Quels paysages laisserons-nous à nos enfants? Dans aucune autre région de France, semblable question ne se pose avec autant d'acuité et d'exigence.

[1] espaces non intégrés dans les nouvelles structures de production et de consommation.

extrait de: «La France par huit – Le Sud-Est»
L. Tirone et M. Joannon, Dossiers de la Documentation Pédagogique, Paris

Vocabulaire

10 **le quadrillage:** la disposition d'un terrain en carrés – 11 **le parcellaire:** la répartition en très petits morceaux – 15 **engendrer:** causer, entraîner – 16 **primordial:** qui est de première importance – 26 **le secteur tertiaire:** le secteur du commerce, des services publics etc. – 30 **déferler:** se précipiter à la manière d'une vague – 41 **l'acuité,** (f.): le caractère intense.

Exercices de grammaire et de vocabulaire

1. Recherchez les substantifs correspondant aux adjectifs:
   a) majeur – b) traditionnel – c) dispersé – d) rentable – e) primordial – f) intense – g) agricole – h) spacial – i) social – j) semblable
2. Quelles sont les idées contenues dans les mots:
   a) alimentait
   b) *la fuite* vers les villes
   c) *la conquête* par les citadins
   d) *l'explosion* du tertiaire
   e) a déferlé
   f) saisies par la fièvre
   g) le séisme
3. Cherchez d'autres mots dans le texte qui expriment cette idée de «choc» contenue dans le titre.

4. Expliquez:
   a) L'agriculture était le secteur *fondamental*.
   b) Elle *alimentait* les échanges commerciaux.
   c) *L'atténuation* des caractères méditerranéens.
   d) Les villes jouent le rôle *primordial*.
5. Trouvez un synonyme pour:
   a) paysages *ruraux*
   b) qui n'ont de méditerranéen *que* les apparences
   c) dispersés
   d) mise en péril

AVIGNON
CATHÉDRALE ET PALAIS
DES PAPES.

Questions
1. Pourquoi la France du Sud-Est doit-elle lutter durement face au Nord pour survivre?
2. Le caractère du paysage traditionnel subit de graves transformations. Donnez-en des exemples.
3. En quoi l'urbanisation grandissante est-elle une menace sérieuse pour la Provence?
4. Montrez le rôle primordial du Sud-Est de la France après la fin de l'empire colonial (voir également le texte suivant qui traite des nouveaux Méditerranéens).
5. Quel est le changement qui s'est produit dans le monde du travail?
6. Quelles sont les chances de la région provençale de résister à l'emprise de ce modèle de la société de production et de consommation venant du Nord?

2. De nouveaux Méditerranéens

Les rapatriés d'Algérie

Entre 1962 et 1968, une bonne partie de la croissance démographique du Sud-Est est à mettre au compte des rapatriés d'Algérie. La majorité d'entre eux s'est fixée dans le Midi. La plupart vivent dans les villes. Cette concentration s'accentue: tous ceux qui n'ont pas pu s'adapter ailleurs sont partis dans le Midi où leur intégration reste à faire. Faute de qualification professionnelle, ils n'espèrent pas d'ascension sociale. Peu de femmes acceptent un emploi. Le secteur tertiaire – l'agriculture – a absorbé 70 % des rapatriés. Un tiers des Pieds-Noirs relève de la fonction publique. Peu ont accepté d'être ouvriers, eux qui avaient toujours commandé des ouvriers musulmans. . .
Le rapatrié a largement contribué – grâce aux capitaux ramenés en métropole et aux prêts qui leur ont été consentis – à donner un coup de fouet au commerce des villes. Beaucoup, obligés de conquérir leur clientèle – surtout dans le secteur de l'hôtellerie et du commerce – ont modernisé les locaux. . . Ils ont ainsi obligé les Français à les imiter.

extrait de: «L'intégration des rapatriés d'Algérie en France», dans «Population N° 2 mars-avril 1975

Les immigrés

Autrefois, les migrants étaient essentiellement des retraités ou des rentiers qui s'installaient de préférence sur la Côte-d'Azur. Les nouveaux-venus sont aujourd'hui des actifs urbains: ils sont responsables de la croissance des villes. Les immigrés venant travailler en France sont, pour la plupart, d'origine méditerranéenne. Le Sud-Est est le lieu de débarquement. Ils sont parfois ouvriers agricoles dans les campagnes (où ils remplacent les Espagnols peu à peu), mais la plupart travaillent dans les villes. Ils sont logés dans les H.L.M. de banlieue, souvent dans les bidonvilles. Ils sont particulièrement nombreux dans les immeubles vétustes des centre-villes (surtout à Marseille où certains quartiers sont peuplés à plus de 80 % par des Nord-Africains). Cette occupation de la partie la plus ancienne et la plus vétuste de la ville entraîne une ségrégation sociale et accentue la dégradation de l'habitat. Le plan de rénovation du centre de la ville de Marseille prévoit la démolition du quartier des étrangers. Leur proposera-t-on des solutions de remplacement?

Vocabulaire

1 **le rapatrié:** celui que l'on fait rentrer dans son pays – 9 **relever de:** dépendre de – 13 **donner un coup de fouet:** donner une impulsion vigoureuse – 28 **vétuste:** qui n'est plus en parfait état.

Exercices de vocabulaire et de grammaire

1. Trouvez un synonyme pour:
   a) essentiellement – b) aujourd'hui – c) urbain – d) croissance – e) le lieu – f) entraîne
2. Complétez:

émigrer	émigrant	émigration
....	retraité	....
installer	....	....
....	responsable	....
....	....	travail
....	remplaçant	....
....	entraîneur	....
....	....	démolition

3. Remplacez «être» par un verbe plus précis dans les phrases:
   a) Les migrants étaient des rentiers et des retraités,
   b) Les nouveaux-venus sont des actifs urbains.
   c) Le Sud-Est est le lieu de débarquement.
   d) Ils sont parfois ouvriers agricoles.
   e) Ils sont particulièrement nombreux dans les immeubles vétustes.
4. Commencez la phrase «Les migrants sont des rentiers qui s'installent *sur* la Côte d'Azur» par:
   a) Si les migrants avaient été . . .
   b) Si les migrants étaient . . .
   c) Comme . . .
   d) Il est probable que . . .
   e) Il paraît que . . .
   f) Je ne crois pas que . . .
   g) Il semble que . . .
   h) Pensez-vous que . . .?
5. Partie, parti ou part? Remplacez les pointillés dans les phrases suivantes par le mot qui convient:
   a) Les Pieds-Noirs sont Français à . . . . entière.
   b) Cela est dû en . . . . à lui-même.
   c) Il eut du mal à tirer . . . . de cette terre inculte.
   d) Dans cette guerre, Napoléon se tailla la . . . . du lion.
   e) Si vous allez à Arles, je suis de la . . . .

f) Dans cet article de journal, il y a beaucoup de .... -pris.
g) Si je ne gagne pas, j'abandonne la ....
h) Au restaurant, chacun paya sa ....
i) Il prit le .... des opprimés contre les oppresseurs.
j) Son adversaire était redoutable: il avait à faire à fort ....
k) Il lui fit .... de ses opinions sur le mouvement occitan.
l) Il faut toujours faire la .... des choses.

6. Complétez:

croître	croissance
fixer	....
accentuer	....
adapter	....
....	intégration
espérer	....
....	ascension
....	fonction
commander	....
contribuer	....
....	prêt
consentir	....
conquérir	....
moderniser	....
obliger	....

7. Mettez à la voix passive:
   a) Peu de femmes acceptent un emploi.
   b) L'agriculture a absorbé 70 % des rapatriés.
   c) Eux qui avaient toujours commandé des ouvriers musulmans.
   d) Beaucoup ont modernisé les locaux.
   e) Ils ont obligé les Français à les imiter.

3. Le flux et le reflux des touristes

Avec l'hiver, l'ancien village de pêcheurs a retrouvé la sérénité. On panse les blessures ouvertes l'été par la bourrasque touristique qui enfle d'année en année. Le tintamarre estival a cessé. La plupart des pizzerias, des crêperies,
5 des gargotes de fortune sont fermées. Le néon ou les fausses lanternes des «boîtes» sont enfin éteints. . . .
Ramassée autour de l'église, la cité vit au rythme de la saison, tranquille. Les Saintes-Maries-de-la-Mer se tournent aujourd'hui vers le tourisme. Trois chiffres expliquent la difficulté de l'entreprise: deux mille habitants
10 l'hiver, soixante mille l'été, parfois cent mille. Du premier au quinze août, l'église reçoit entre quatre cents et mille deux cents visiteurs à l'heure. La capacité hôtelière étant réduite, la municipalité joue la toile de tente. Commencé il y a plusieurs mois, le nouveau camping de vingt hectares répondra aux besoins toujours croissants des visiteurs et permettra d'apporter de l'or-
15 dre dans l'occupation anarchique du territoire durant la saison.

L'hiver aux Saintes, c'est le retour aux traditions, les souvenirs qui se bousculent. ...

extrait de l'article de J. Perrin:
«Le bonheur sans les autres», © Le Monde, 3. 1. 1976

Vocabulaire

2 **panser:** soigner au sens médical – 3 **enfler:** augmenter anormalement de volume, en nombre – 4 **le tintamarre:** grand bruit discordant.

Exercices de vocabulaire et de grammaire

1. Complétez la liste:
   été .... estival
   automne ...
   hiver ......
   printemps ..
2. Relevez les mots dans le texte qui caractérisent l'atmosphère en hiver et en été aux Saintes.
3. Expliquez:
   a) la bourrasque touristique
   b) les gargotes de fortune
   c) La municipalité joue la toile de tente.
   d) L'ordre dans l'occupation anarchique
4. Remplacez par une subordonnée:
   a) *Ramassée autour de l'église,* la cité vit au rythme de la saison.
   b) *La capacité hôtelière étant réduite,* la municipalité joue la toile de tente.
   c) *Commencé il y a plusieurs mois,* le nouveau camping répondra aux besoins des visiteurs.
   d) Il permettra *d'apporter de l'ordre.*

Questions

1. En quoi l'arrivée en masse des touristes pose-t-elle de graves problèmes?
2. Mettez vous à la place des habitants de ces villages qui vivent en paix pendant 9 mois de l'année. Que doivent-ils ressentir face à cette invasion de touristes?
3. Pourquoi et comment l'originalité d'une région souffre-t-elle de l'afflux des touristes?

A qui profite le tourisme ou la fin d'un rêve

Il y a dix ans, Saint-Etienne-en-Devoluy n'était qu'une petite commune dispersée en hameaux. Sa vie locale était entièrement consacrée à l'agriculture. Au cours des dernières années, le départ de la jeunesse et le vieillissement
5 de la population active constituaient un grave problème pour l'avenir.
Il fallait s'attendre à ce que cet espace devienne un jour la convoitise de promoteurs de sports d'hiver. La commune céda une grande partie du territoire communal à une grande société pour la réalisation d'une station de ski. Cela suffit à éveiller l'espoir ou les illusions d'une population prête à croire au

10 miracle de l'or blanc. Huit ans ont passé.... La clientèle est nombreuse. La population locale est sortie de son rêve pour se retrouver Cendrillon comme avant.
Certains agriculteurs avaient espéré adjoindre à leur revenu agricole un revenu touristique. Mais ils n'ont pas pu concilier les deux activités. Les
15 autres, les commerçants, ont-ils, eux, bénéficié de l'expansion touristique? Cette question trouve sa réponse dans la rue du village. C'est non. Il n'y a pas de vitrines alléchantes, pas de modernisation apparente. Ce sont des commerçants extérieurs qui approvisionnent la station.... Ce qui frappe le plus, c'est le déséquilibre flagrant qui existe entre le vieux village, où rien n'a
20 changé depuis dix ans, et cette ruche bourdonnante contenue dans le géant de béton.

extrait de «L'or blanc, une richesse pour qui?»
Espace 90, N° 33, mai 1973, Coll. La France par huit.

Vocabulaire

6 **le promoteur:** homme faisant du bénéfice dans le domaine de la construction d'immeuble – 13 **adjoindre:** ajouter – 17 **alléchant, e:** qui fait espérer quelque plaisir.

Exercices de vocabulaire et de grammaire

1. Trouvez le substantif correspondant à:
   a) disperser – b) consacrer – c) départ – d) attendre – e) éveiller – f) croire – g) espérer – h) adjoindre – i) concilier – j) bénéficier – k) approvisionner – l) exister – m) changer
2. Remplacez par un pronom personnel ou adverbial:
   a) Sa vie locale était entièrement consacrée *à l'agriculture*.
   b) Le départ de la jeunesse constituait un grave *problème* pour l'avenir.
   c) Il fallait s'attendre *à ce que cet espace devienne un jour la convoitise des promoteurs*.
   d) La commune céda *une partie du territoire à une grande société*.
   e) La population est sortie *de son rêve*.
3. Trouvez une expression équivalente pour:
   a) *au cours des* dernières années
   b) *il fallait s'attendre à* ce que
   c) *cela suffit à* éveiller
   d) huit ans ont passé
   e) la population *est sortie de son rêve*
   f) ce qui frappe le plus
4. Expliquez:
   a) une petite commune *dispersée en hameaux*
   b) la convoitise
   c) le miracle *de l'or blanc*
   d) pour *se retrouver Cendrillon* comme avant
   e) la ruche bourdonnante
   f) le géant de béton
5. Transformez en syntagmes nominaux:
   a) La commune était *dispersée* en hameaux.

b) La vie locale était *consacrée* à l'agriculture.
c) La clientèle était *nombreuse*.
d) Certains agriculteurs *avaient espéré* adjoindre à leur revenu agricole un revenu touristique.
e) Le vieux village *a changé*.

Questions
1. Quels espoirs les habitants du village avaient-ils mis dans la station de sports d'hiver? Pourquoi ont-ils été déçus?
2. Décrivez les contrastes entre la vie dans le «géant de béton» et celle dans le vieux village.
3. Expliquez pourquoi c'est surtout les promoteurs et les commerçants venus de l'extérieur qui ont tiré profit du développement de la région?

4. La Camargue en danger

Le principal danger pour la Camargue, c'est le tourisme. Chaque été, près d'un million de touristes foulent le sol camarguais, piétinement redoutable, la faune et la végétation étant fragiles. Les plantations qui maintenaient les
5 dunes ont été arrachées par des amateurs de barbecue: le mistral alors a tout nivelé et le site a perdu beaucoup de son caractère. Les déchets s'accumulent. On voit avec inquiétude la tendance de la Camargue à servir d'espace vert aux deux masses énormes de population entre lesquelles elle se trouve enserrée: à l'est, Fos-Marseille, à l'ouest, les installations du Languedoc-
10 Roussillon qui accueillent deux millions de touristes en été.
Certains élus locaux ont un autre avis: ils ne sont pas d'accord pour que la Camargue devienne une propriété privée. Il faut sauver la Camargue, mais pourquoi et pour qui? Pour les hommes et non seulement – comme c'est le cas actuellement – pour les écologistes. La Camargue ne doit pas devenir un
15 laboratoire stérile, mais une région peuplée, accessible à tous ceux qui veulent la découvrir, la connaître. Il faut – disent-ils – que le tourisme puisse s'y exercer, même si ce n'est pas facile. Une solution serait, peut-être, de fermer le delta au trafic individuel, de l'interdire aux voitures, d'organiser des visites guidées.
20 La solution adoptée actuellement est de considérer les Saintes Maries-de-la-Mer et ses alentours comme une terre sacrifiée, un abcès de fixation où les nuisances du tourisme vont continuer à s'exercer pour sauver le reste de la Camargue.

extrait d'un article de Michel Tricot,
paru dans la revue «Pourquoi» N° 92, octobre 1973

Vocabulaire

3 **le piétinement:** l'action de frapper les pieds contre le sol sans avancer – 6 **le déchet:** partie d'une matière rejetée comme inutilisable ou inconsommable – 21 **un abcès de fixation:** abcès provoqué artificiellement pour localiser une infection générale.

Exercices de vocabulaire et de grammaire
1. Renforcez les mots en italique en employant: c'est .... qui
   c'est .... que
   a) Le principal danger, c'est *le tourisme*.
   b) *Près d'un million de touristes* foulent le sol camarguais.
   c) Les plantations qui maintenaient les dunes ont été arrachées *par des amateurs de barbecue*.
   d) Il faut sauver *la Camargue*.
   e) Certains élus locaux ont *un autre avis*.
   f) Il faut – disent-ils – que le tourisme puisse s'*y* exercer.
2. Mettez le premier paragraphe au conditionnel:
   Le principal danger pour la Camargue, ce serait . . . .
3. Transformez en subordonnée conjonctive ou relative:
   a) La faune et la végétation étant fragiles . . . .
   b) Il faut sauver la Camargue.
   c) Une solution serait de fermer le delta
   de l'interdire aux voitures
   d'organiser des visites guidées.
   d) Il faut considérer les Saintes comme un abcès de fixation pour sauver la Camargue.
4. Transformez en syntagmes nominaux:
   a) La faune et la végétation étant *fragiles* . . . .
   b) Le mistral a tout *nivelé*.
   c) Les déchets *s'accumulent*.
   d) La solution *est adoptée*.
   e) Les Saintes sont une terre *sacrifiée*.
5. Expliquez les mots suivants:
   a) foulent – b) les dunes – c) niveler – d) espace vert
6. Expliquez les images:
   a) amateurs de barbecue – b) Camargue – propriété privée – c) laboratoire stérile – d) pour les hommes et non pour les écologistes
7. Complétez:
   inquiétude ....
   .... stérile ....
   .... accessible ....
   .... découvrir
   .... connaître

Questions
1. Expliquez pourquoi et de quelle manière le tourisme joue un grand rôle dans la destruction de la Camargue.
2. Quelles mesures peut-on envisager pour sauver la région?
3. Quelles sont les raisons invoquées pour ne pas interdire la Camargue au tourisme?

Arrivera-t-on à sauver les Alpes du Sud?

Une tache dans la forêt rousse des mélèzes: une sale cicatrice, deux hectares de terrain qui, d'un bloc, ont glissé vers la vallée. «La montagne descend», nous dit un habitant, expliquant qu'autrefois le village comptait huit cents habitants, qu'on n'en recense plus que deux cents; que, naguère, les agriculteurs travaillaient comme des fourmis, passaient les bois au peigne fin et entretenaient sur la commune un réseau de captage des eaux, long de deux cents kilomètres; bref qu'ils prévenaient ainsi les catastrophes naturelles. Aujourd'hui la montagne devient une éponge. Chaque printemps, des coulées boueuses emportent les routes, tarissent les sources et bousculent même des maisons centenaires qui n'avaient pas bougé d'un millimètre auparavant. Les forêts s'asphyxient sous le bois mort. La montagne se venge. Faut-il se résigner à sa dégradation? Les touristes sont les premiers à protester. Seulement, qui doit faire le travail des paysans d'antan? Les communes? Elles sont exsangues. Des jardiniers d'Etat? Jamais le gouvernement ne paiera. Des maires de ces villages parient sur des «nouveaux ruraux», dont le renfort aurait au moins pour effet secondaire et psychologique d'arrêter l'exode des derniers agriculteurs. Stopper l'hémorragie de la désertification. Réinsuffler une bouffée d'espoir dans un pays qui se croyait maudit. Stratégie audacieuse, politique officielle pourtant, puisque le gouvernement assure l'appliquer dans les Alpes du Sud. Espace rural le moins peuplé de France. Sept habitants au kilomètre carré. En tout, deux cent cinquante mille personnes. Un quart de la population marseillaise sur une fois et demie la surface de la région parisienne. Moyenne d'âge villageoise autour de soixante ans. Deux cents communes sans le sou. Presque partout, deux fois plus de résidences secondaires que d'habitations permanentes. Telle est la réalité des Alpes du Sud. Le gouvernement a fini par s'en inquiéter. En 1978, il adoptait un schéma d'aménagement du massif, avec trois priorités: installations jeunes, création d'emplois productifs, préservation de l'espace naturel. Le lancement du plan fut fait avec grand bruit. Giscard d'Estaing en tira un discours mémorable, prononcé «in situ», face aux neiges éternelles, à Vallouise: enfin la France allait avoir une politique pour la montagne déshéritée!

Un an et demi plus tard, qu'est devenu le grand dessein?

L'Ubaye, c'est plus loin que le bout du monde. Une vallée lardée de cicatrices d'invasion, inondations, tremblements de terre. Mais l'Ubaye bouge. Des paysans suivent des stages de mécanique, tannerie, menuiserie, tissage, pour avoir une seconde activité et améliorer l'ordinaire de leur hivernage. Ils réapprennent les métiers d'appoint que leurs grands-pères pratiquaient. Les fermières se remuent et créent des «tables d'hôte». Les maires se secouent. Dans une commune, on a réussi à domestiquer dans une mini-centrale électrique les eaux des torrents. La commune produit de l'électricité qu'elle revend très cher, de plus en plus cher, à E.D.F. L'eau, c'est leur pétrole.

Beaucoup pensent que ce sont les jeunes venus de la ville qui sauveront les montagnes. Même s'ils pratiquent une agriculture marginale, contraire aux

critères parisiens d'efficacité, ils préserveront le territoire et produiront des denrées naturelles. Leur utilité sociale vaut bien celle des agriculteurs industriels. Mais pour réussir ce plan, il faut de l'argent, beaucoup de savoir faire, passionnément d'envie, à la folie d'obstination, pas du tout de malchance.
50 Mais qui freine l'afflux des nouveaux montagnards? Le système. . . . Celui qui a nom de spéculation foncière, gèle la terre du Sud pour les cadres marseillais et garde la moindre ruine pour un riche Hollandais. Deux millions et demi de centimes l'hectare de cailloux! Vingt millions les quatre murs sans toit. Tarif prohibitif pour les candidats à l'établissement permanent.
55 Pour un néo-rural qui s'installe dans les Alpes du Sud, on compte bien neuf nouveaux résidents secondaires. Et l'écart ira s'élargissant, maintenant qu'on promet l'autoroute Marseille-Sisteron. «Seul l'Etat peut faire sauter le verrou foncier, mais il n'en fera rien» dit un dirigeant agricole.
Déjà enterré le grand dessein de Vallouise? Perdu avant d'être engagé le pari
60 d'arracher les Alpes du Sud à leur destin de luna-park?

extrait de l'article de Paul Marie Doutrelant:
«Les nouveaux montagnards» © Le Nouvel Observateur

Vocabulaire

2 **le mélèze:** conifère – 6 **passer au peigne fin:** examiner qc. sans en omettre un détail – 7 **le captage:** action de capter une source, amener l'eau à un point déterminé – 10 **la coulée boueuse:** masse de terre détrempée d'eau – 12 **s'asphyxier:** se donner la mort par arrêt de respiration – 14 **d'antan** (litt.): d'autrefois – 15 **exsangue:** qui a perdu beaucoup de sang – 18 **l'hémorragie,** (f.): ici: la fuite – 19 **réinsuffler:** redonner – 19 **la bouffée:** mouvement passager – 35 **larder** (fig.): percer – 37 **la tannerie:** lieu où on transforme en cuir la peau des animaux – 39 **pratiquer** ici: dédaigner – 54 **prohibitif, ve:** ici: trop élevé, excessif.

Exercices de vocabulaire et de grammaire

1. Commencez la phrase: «La montagne devient une éponge» par:
    a) Il paraît que . . .
    b) Il me semble que . . .
    c) Il faut craindre que . . .
    d) Si l'on ne fait rien . . .
    e) On se demande si demain . . .
    f) Si l'on n'avait rien entrepris . . .
    g) Je doute que . . .
    h) Dans le passé . . .
    i) Je regrette que . . .
    j) Serait-il possible que . . .
2. Expliquez les mots suivants:
    a) tarissent les sources
    b) des maisons centenaires
    c) la désertification
    d) les neiges éternelles
    e) améliorer l'ordinaire de leur hivernage
    f) l'écart ira s'élargissant

3. Trouvez des synonymes pour les mots suivants:
   a) des paysans d'antan – b) stopper – c) rural – d) sans le sou – e) avec grand bruit
   f) mémorable – g) dessein

Questions
1. A quoi vous font penser les mots:
   a) cicatrice – b) travailler comme des fourmis – c) la montagne devient une éponge
   d) les forêts s'asphyxient – e) le luna-park
2. Relevez dans le texte le vocabulaire qui révèle la blessure, la mort progressive, la destruction des Alpes du Sud ainsi que la tentative de lui redonner la vie.
3. En citant des exemples tirés du texte, définissez la tendance de cette prise de position.
4. Quelles sont les raisons qui menacent le projet de sauvegarde des Alpes du Sud d'échouer?
5. Rédigez le discours que Giscard d'Estaing aurait pu tenir sur les lieux de Vallouise, face aux neiges éternelles.
6. Quelles sont les mesures qui ont été prises pour essayer de repeupler les zones détruites et désertées par les hommes?
7. Parlez des problèmes que rencontreront les «néo-ruraux».

Languedoc-Roussillon: après le temps du béton, celui de la protection

Les 187 km du littoral Languedoc-Roussillon présentent une alternance de zones naturelles et de zones construites. Les gouvernement le voulait ainsi
5 quand, en 1963, il créa la mission interministérielle d'aménagement de ce territoire. Huit nouvelles stations sont sorties de terre depuis et les anciennes se sont développées. Les touristes sont venus: 400 000 au début des années 60, 2 millions l'an dernier, 2,5 millions et demi cet été. La mission, qui doit cesser de vivre à la fin de l'année 1980 aura parfaitement joué son
10 rôle, tel qu'il avait été défini dans les années de développement massif du tourisme.
Mais, en 1976, on découvrait les dangers d'une trop grande expansion immobilière. L'année suivante, les mots d'ordre ont changé: désormais, il fallait éviter la frise de béton le long du rivage. Aujourd'hui le rôle de la
15 mission est de protéger bien plus que d'aménager. Aura-t-elle pourtant, d'ici 1980, mis tous les verrous nécessaires aux pressions immobilières toujours fortes? Certains espèrent encore pouvoir construire: les entreprises de bâtiment, mais aussi les promoteurs français et étrangers qui affluent toujours vers la côte pour visiter les sites. Les responsables du Cap d'Agde souhaite-
20 raient pouvoir encore bâtir.
Les responsables de la mission affirment que les précautions nécessaires ont été prises. Pour éviter d'autres débordements, 20 000 hectares sont ou vont être classés et seront donc intouchables. 1500 hectares vont être achetés, avant dix ans, par le Conservatoire du littoral. D'autres devraient être ins-

crits au titre des sites. L'inscription pourtant ne présente pas une bien grande protection, puisqu'elle n'oblige qu'à prévenir l'administration quatre mois à l'avance des travaux à réaliser. La déclaration de «périmètre sensible» est aussi utilisée pour sauvegarder les espaces boisés du littoral.

Et puis, elle constitue une source de revenus pour les départements qui peuvent prélever dans ces zones une «taxe d'espace vert» et l'utiliser pour l'acquisition de terrains boisés. Encore que le coût du foncier permette rarement aux collectivités locales de devenir propriétaire.

La directive nationale d'aménagement du littoral imposera d'aller plus loin encore dans la sauvegarde des côtes. Il faudra pourtant convaincre les communes: pour elles le tourisme est une manne.

Vocabulaire

3 **l'alternance,** (f.): succession répétée et régulière – 13 **le mot d'ordre:** le slogan – 14 **la frise:** ici: surface plane formant une bande continue – 16 **le verrou:** ici: mettre fin à – 18 **affluer:** arriver en grand nombre – 22 **le débordement:** le fait de dépasser des limites – 27 **le périmètre:** zone délimitée – 30 **prélever:** ici: prendre.

Questions

1. Montrez quelles sont les dispositions prises par le gouvernement pour sauver le littoral.
2. Pourquoi faudra-t-il convaincre les communes?
3. Quelles sont les raisons qui ont entraîné le retournement de la situation: du tourisme à 100 % à la protection de la région?
4. Comment s'explique l'euphorie avec laquelle on a, il y a dix ans, commencé à bâtir des villages artificiels (La Grande-Motte) sur des terrains parfois arrachés à la mer?

5. Fos, nouvelle région industrielle ultra-moderne

A l'est de Marseille, en bordure du golfe de Fos, une vaste région industrielle est en cours d'édification. Parmi les nombreuses implantations prévues, la plus spectaculaire est, à coup sûr, la création d'une usine sidérurgique «sur l'eau» qui doit avoir une capacité de production de 8 millions de tonnes d'acier/lingot par an.

L'essor économique de la zone côtière du Midi méditerranéen – développement du tourisme, industrialisation – est certes bénéfique, mais il pose, en contrepartie, de multiples et graves problèmes. Le plus préoccupant, dans l'immédiat, est sans conteste celui de la pollution.

Le Golfe de Fos est préservé des courants de haute mer par la flèche littorale sableuse du They de la Gracieuse. Ces eaux sont donc mal renouvelées. Elles sont aussi l'objet d'une exploitation intensive par suite de leur utilisation dans la centrale thermique du Ponteau à Martigues. Cette centrale rejette à la mer des eaux tièdes et appauvries en éléments nutritifs. Les rejets

de l'usine sidérurgique géante seront de l'ordre de 7000 m³/heure d'eaux douces polluées dans le Golfe de Fos. L'eau est devenue, dans la région, un élément précieux. En outre, l'utilisation intensive des nappes phréatiques de la Crau va entraîner l'abaissement progressif du niveau et assécher les puits communaux. Déjà, l'Etang de Berre est totalement pollué et il est presque impossible d'y pêcher par suite de l'importance des rejets des eaux usées par les raffineries et usines chimiques de Berre et de Martigues. Le développement du complexe industriel de Fos, à proximité de deux grands ports pétroliers entraîne fatalement la pollution d'une vaste zone marine et des plages limitrophes de Port Saint-Louis, du Rhône à la rade de Marseille. La pollution atmosphérique risque également d'être considérable par vent de nord-ouest vers l'agglomération marseillaise. Dans les zones des raffineries et usines chimiques de Berre-l'étang et de Martigues-Port-de-Bouc, la densité des fumées est très forte par temps anticyclonique stable et descente froide: brumes et brouillards sont de plus en plus fréquents sur la région marseillaise, hiver comme été, rendant parfois dangereux les accès du port de Marseille.
C'est la rançon du développement des industries de base dans ce futur Europort du Sud.

Vocabulaire

9 **en contrepartie:** par contre, en revanche – 15 **nutritif, ve:** qui a la propriété de nourrir – 18 **la nappe phréatique:** vaste étendue d'eau souterraine – 25 **limitrophe:** qui est aux frontières – 33 **la rançon:** ici: le prix qu'il faut payer.

Exercices de vocabulaire et de grammaire
1. Trouvez des synonymes pour:
   a) en bordure de
   b) en cours de
   c) préservé
   d) en outre
   e) par suite de
2. Transformez en syntagme verbal:
   ex: est en cours d'édification – est en train d'être édifiée
   a) Le plus spectaculaire est la *création* d'une usine sidérurgique.
   b) le *développement* du tourisme
   c) par suite de leur *utilisation* dans la centrale thermique
   d) Les *rejets* de l'usine seront de l'ordre de 7000 m³/heure.
   e) Elle va entraîner *l'abaissement* progressif du niveau d'eau.
3. Formez les adverbes correspondant aux adjectifs:
   a) sûr – b) grave – c) haut – d) intensif – e) précieux – f) progressif – g) fort
   h) fréquent – i) dangereux

Questions
1. Quels sont les problèmes posés à l'environnement par la zone industrielle de Berre?

2. Quelles sont les conséquences d'une telle pollution?
3. Lors de la création de Fos, il n'y avait qu'un petit village qui a dû accueillir des milliers de travailleurs et leur famille. Quels sont les problèmes qu'une telle émigration a posés?
4. D'où provient la dégradation de la qualité de l'eau dans la région de l'Etang de Berre?
5. Quelle influence l'industrie chimique a-t-elle sur le climat de la région?
6. La progression de l'industrialisation a-t-elle inévitablement pour conséquence la destruction de notre environnement? Discutez.

6. L'Occitanie veut vivre

Puisque «la vraie France» est «celle du Nord» (Michelet) et qu'au sud de la Loire «ces broyeurs de chocolat et mâcheurs d'ail . . . ne sont pas du tout français mais des espagnols et des italiens» (Huysmans), par quel nom faut-il désigner cet ensemble de terres qui, pour n'être pas la France ou du moins la «vraie», n'est pas pour autant l'Espagne ou l'Italie? Au XIVe siècle, l'administration royale désigna tout simplement ces contrées étrangères nouvellement annexées du nom «d'Occitanie» puisqu'elles étaient «la patrie de la langue occitane» . . .

La centralisation poursuivant son chemin, le terme de «Midi» lui sera substitué car il permettra de mieux camoufler la politique colonialiste que vont mener les gouvernements français successifs. Les termes «Occitanie» et «occitan» survivront sous la plume de quelques écrivains pour reparaître au XXe siècle . . . et c'est seulement depuis une dizaine d'années qu'ils sont couramment employés.

Sept siècles d'histoire commune n'ont donc pas tout à fait effacé l'ancienne frontière entre la France du Nord et celle du Midi, celle de langue d'oïl et celle de langue d'oc.

L'Occitanie est un pays-creuset d'ethnies montées du Sud, ou descendues du Nord scandinave, ou rassemblées de l'Est le plus lointain, et de l'Orient, – un pays de civilisation qui, le premier, a reçu du monde hellénique et du monde latin la langue de lumière qui devait gagner toute la France. Politiquement, le territoire occitan est partagé entre trois états. La France en occupe la presque totalité et désigne ces contrées du terme vague de «Midi» ou pour plus de précision par ceux de «Sud-Ouest» et de «Sud-Est» selon qu'il s'agit du côté atlantique ou du côté méditerranéen. L'enclave pyrénéenne du Val d'Aran est rattachée à l'Espagne et les hautes vallées alpines du versant oriental à l'Italie. Ce territoire correspond aux différentes aires dialectales de la langue d'oc . . . En tenant compte des divisions administratives actuelles, l'Occitanie correspond, en France, à 33 départements du Sud de la Loire regroupés en six régions économiques (Aquitaine, Midi-Pyrénées, Languedoc-Roussillon, Provence-Côte d'Azur, Limousin et Auvergne). Il faut y ajouter une fraction de la région Rhône-Alpes à laquelle sont

rattachés les départements de l'Ardèche et de la Drôme et en retrancher le
Pays Basque et le territoire catalan.

La civilisation occitane

Celle-ci connaît son apogée au XIIe siècle (l'époque des troubadours) grâce à cette facilité des populations d'Oc à adopter et à s'enrichir des influences culturelles et politiques venant de tous les horizons: la générosité de la chevalerie musulmane, l'esprit de tolérance, l'abolition du servage (au XIe siècle déjà!), l'administration des provinces en républiques à l'italienne, la défense des libertés et des droits individuels, la participation directe des «citoyens» à la gestion de leurs affaires, – voilà les éléments parmi les plus prééminents qui caractérisent une civilisation rayonnant sur toute l'Europe.

Avant les autres nations, L'Occitanie disposait déjà d'une langue bien formée. Dans l'élaboration de l'idéal chevaleresque, ses troubadours rivalisaient avec les Castillans et les Minnesänger allemands. Avec l'Italie, elle participait au réveil du droit romain, s'inspirait également des structures urbaines de Rhénanie, renouvelait les contributions de la Bourgogne à l'art roman de Lombardie. Bref, l'Occitanie a accepté tout enrichissement, d'où qu'il vienne, mais pour le faire épanouir davantage.

A partir du XIIIe siècle, l'histoire de l'Occitanie peut être considérée comme celle de la lente conquête par l'envahisseur français à la fois sur le plan militaire, administratif, culturel et économique et celle d'une résistance toujours présente à la répression impitoyable du pouvoir central:
- entre 1180 et 1328 ont lieu les quatre croisades Albigeoises (marquées par le règne de l'Inquisition, d'innombrables massacres et de fréquentes mises à sac des principales villes);
- la fin du XIVe siècle a connu plusieurs révoltes urbaines (Montpellier, Narbonne, Béziers);
- le XVIe siècle est devenu le témoin de la résistance protestante (la Réforme) dans la lutte pour la liberté de pensée et d'expression; à la même époque, Marseille s'est érigée en «république populaire»;
- les années 1702/04 ont vu le soulèvement des Camisards dans les Cévennes;
- en 1871 proclamation de la Commune à Narbonne et Marseille;
- 1907 est l'année de la révolte des vignerons à cause de l'effondrement des cours du vin et la ruine de centaines de milliers de petits propriétaires provoquée par les crises de surproduction et l'arrivée sur le marché de vins étrangers;
- après 1945, de nombreuses organisations ont vu le jour prenant position autour de grands thèmes comme l'autogestion et le fédéralisme.

Ceci n'est qu'un aperçu très sommaire de l'histoire mouvementée de l'Occitanie. Aujourd'hui, on ne peut nier le fait que, depuis une bonne dizaine d'années, l'occitanisme ne sorte du ghetto culturel. Aux revendications venues d'Occitanie répondent celles de Bretagne, d'Alsace, de Corse et du Pays-Basque. L'ampleur de ces courants régionalistes reflète bien le fait qu'historiquement la France, pays à forte tradition centralisatrice, soit composée de minorités ethniques et qu'à l'heure actuelle, celles-ci luttent avec une conscience croissante pour maintenir les traditions locales, préserver un cadre de vie, défendre les vieilles civilisations et les parlers historiques, lutter pour la reconnaissance des particularismes et de la spécificité de chaque région.

Claude Marti: un chanteur du renouveau occitan

De nombreux chanteurs occitans sillonnent les routes du Midi, célébrant leur «país» en une langue que l'on disait oubliée. Parmi ceux-ci Claude Marti, Carcassonnais d'origine catalane, dont l'authenticité et le talent ont certainement contribué à ce foisonnement d'un nouveau mouvement de troubadours.

PERQUE M'AN PAS DIT?

Coma totis los mainatges
Som anat a l'escòla
Coma totis los mainatges
M'an après a legir
M'an cantat plan de cançons
M'aprenguèron tant d'istòrias:
Lutèce... Paris... Paris...

Mas perqué, perqué
M'an pas dit à l'escòla
Lo nom de mon país?

Nos contava lo regent
Aquel grand rei de França
Acatat davant los paures
Un sant òme aquel sant Loïs
Aimava totas las gents
E voliá pas la misèra
Un sant òme aquel sant Loïs.

Mas perqué, perqué
M'an pas dit a l'escòla
Qu'aviá tuat mon país?

E quand foguèrem mai grands
Nos calguèt parlar tres lengas

30 Per far un bon tecnician
   Nos caliá cargar tres lengas
   E l'Anglès e l'Alemand
   E çò que s'escriu a Roma
   Per far un bon tecnician.

35 Mas perqué, perqué
   M'an pas dit à l'escòla
   La lenga de mon païs?

   Benlèu tantas coneissenças
   Nos mascan la vertat
40 Aprendrem sols qu'en la terra
   Regna pas la libertat
   Sauprem la talent de l'India
   E lo dòl dels Africans
   E la mòrt de Guevarra.

45 Mas perqué, perqué
   M'an pas dit a l'escòla
   La lenga de mon païs?

   POURQUOI NE M'A-T-ON PAS DIT?
   Comme tous les enfants
50 J'ai été écolier
   Comme tous les enfants
   On m'a appris à lire
   On m'a chanté bien des chansons
   On m'a appris des tas d'histoires:
55 Lutèce... Paris... Paris...

   Mais pourquoi, pourquoi
   Ne m'a-t-on pas dit à l'école
   Le nom de mon pays?

   Le maître nous parlait
60 De ce grand roi de France
   A genoux au pied des pauvres
   Un saint homme ce saint Louis
   Il était plein d'amour pour tous
   Il ne voulait pas la misère
65 Un saint homme ce saint Louis.

Mais pourquoi, pourquoi
Ne m'a-t-on pas dit à l'école
Qu'il avait tué mon pays?

70 Et puis quand nous avons grandi
Il a fallu parler trois langues
Pour faire un bon technicien
Il a fallu nous vêtir de trois langues
Et l'anglais et l'allemand
Et ce qu'on écrit à Rome
75 Pour faire un bon technicien.

Mais pourquoi, pourquoi
Ne m'a-t-on rien dit à l'école
De la langue de mon pays?

Il se peut qu'autant de science
80 Nous cache la vérité
Nous apprendrons seuls que sur la terre
La liberté ne règne pas
Nous saurons la faim de l'Inde
Le malheur des Africains
85 Et que Guevarra est mort.

Mais pourquoi, pourquoi
Ne m'a-t-on pas dit à l'école
La langue de mon pays?

© Disques occitans ventadorn. Béziers

Vocabulaire

3 **le broyeur:** personne écrasant qc. avec ses dents – 3 **le mâcheur:** personne broyant qc. avant d'avaler – 11 **camoufler:** déguiser de façon à rendre méconnaissable – 19 **le pays-creuset:** pays où plusieurs influences se mêlent – 28 **le versant:** chacune des deux pentes d'une montagne – 34 **retrancher:** retirer – 40 **le servage:** condition du paysan privé de liberté personnelle sous la féodalité – 57 **la mise à sac:** piller, saccager.

Exercices de vocabulaire et de grammaire

1. Donnez un synonyme pour:
   a) annexées – b) ... n'ont pas effacé – c) abolition – d) ... rivalisaient – e) sommaire
2. Expliquez:
   a) la centralisation – b) ... survivront sous la plume – c) la presque totalité – d) elle participait au réveil – e) l'occitanisme sort du ghetto culturel
3. Transformez en subordonnée:
   a) La centralisation poursuivant son chemin . . .

b) En tenant compte des divisions administratives
c) ... il faut y ajouter
d) ... à adopter et à s'enrichir des influences culturelles et politiques venant de tous les horizons
e) ... pour maintenir les traditions locales et défendre les vieilles civilisations

4. Formez des noms d'après le modèle suivant:
celui qui broie   le broyeur
celui qui mâche   le mâcheur
celui qui donne
celui qui prend
celui qui vend
celui qui tue
celui qui emploie
celui qui reçoit
celui qui connaît
celui qui défend
celui qui lutte
celui qui sert

Questions

1. Pourquoi peut-on dire de la politique du nord envers le sud de la France qu'elle est une politique colonialiste?
2. Quelle image les grands-esprits de la culture française eux-mêmes ont-ils dépeinte du sud de la France?
3. Pour quelles raisons le pouvoir central a-t-il essayé pendant des siècles de supprimer le terme d'Occitanie?
4. En quoi le partage politique et administratif fait-il obstacle à la renaissance occitane?
5. Montrez à l'aide du texte en quoi l'Occitanie est un carrefour de cultures, et ceci bien avant la naissance de l'état français.
6. Faites des recherches sur les époques importantes de l'histoire occitane mentionnées dans le texte: l'époque des croisades albigeoises, celle du soulèvement des Camisards, de la commune de Narbonne, de la révolte des vignerons en 1907.
7. Quels sont les facteurs qui expliquent la solidarité entre des régions aussi différentes que la Bretagne, l'Alsace, la Corse, le Pays-Basque et l'Occitanie?